L'État de l'insécurité alimentaire dans le monde

Objectifs internationaux 2015 de réduction de la faim: des progrès inégaux

ORGANISATION DES NATIONS UNIES POUR L'ALIMENTATION ET L'AGRICULTURE

Rome, 2015

Citation requise:
FAO, FIDA et PAM. 2015. *L'État de l'insécurité alimentaire dans le monde 2015. Objectifs internationaux 2015 de réduction de la faim: des progrès inégaux.* Rome, FAO

ISBN 978-151427646-4

TABLE DES MATIÈRES

La présente édition du rapport sur *L'État de l'insécurité alimentaire dans le monde* fait le point des progrès accomplis dans la réalisation des objectifs de réduction de la faim définis au niveau international et s'interroge sur ce qui doit être fait pour accompagner la transition vers le nouveau programme de développement pour l'après-2015.

Face au problème de la faim dans le monde, les États Membres de l'Organisation des Nations Unies ont pris deux engagements majeurs. Le premier a été celui du Sommet mondial de l'alimentation (SMA), tenu à Rome en 1996, par lequel 182 gouvernements se sont engagés à «*éradiquer la faim dans tous les pays, avec pour objectif immédiat de réduire de moitié le nombre des personnes sous-alimentées d'ici 2015 au plus tard*». Le second a été la formulation du premier objectif du Millénaire pour le développement (OMD 1), établi en 2000 par les membres de l'ONU, dont l'une des cibles consiste à «*réduire de moitié, d'ici à 2015, la proportion de la population qui souffre de la faim*».

Dans le présent rapport, nous examinons les progrès réalisés depuis 1990 pour chaque pays et chaque région ainsi qu'à l'échelle mondiale. D'abord quelques bonnes nouvelles: l'engagement de réduire de moitié le pourcentage des personnes qui souffrent de la faim, c'est-à-dire d'atteindre la cible 1c des Objectifs du Millénaire pour le développement, est pratiquement concrétisé au niveau mondial. Mieux encore, 72 des 129 pays dont les progrès font l'objet d'un suivi ont atteint cette cible de l'OMD 1 et 29 d'entre eux ont également atteint l'objectif plus ambitieux fixé par le SMA, qui était de diminuer de moitié le nombre des personnes souffrant de malnutrition au sein de leur population.

Il existe, non seulement entre les pays mais aussi entre les régions et sous-régions, des différences marquées quant aux progrès accomplis. La prévalence de la faim a diminué rapidement en Asie centrale et en Asie de l'Est et du Sud-Est ainsi qu'en Amérique latine; en Afrique du Nord, elle est restée faible tout au long des périodes de suivi liées à la réalisation des OMD et des objectifs du SMA. D'autres régions, notamment l'Asie occidentale, les Caraïbes et l'Océanie ont globalement progressé, mais à un rythme plus lent. Dans deux régions, l'Afrique subsaharienne et l'Asie du Sud, la progression moyenne a été lente, mais les succès ont été nombreux à l'échelon national et sous-régional. Dans de nombreux pays qui ont enregistré des progrès modestes, des facteurs tels que la guerre, les troubles civils et les mouvements de réfugiés ont souvent frustré les efforts qui étaient consentis pour réduire la faim, et ont parfois contribué à grossir les rangs des personnes sous-alimentées.

Toutefois, l'estimation des progrès accomplis dans la réalisation de la cible 1c des OMD ne se fonde pas uniquement sur les mesures de la sous-alimentation ou de la faim, mais également sur un second indicateur, qui est la prévalence de l'insuffisance pondérale chez les enfants de moins de cinq ans. Pour ces deux indicateurs, l'évolution a été positive, mais les progrès ont été légèrement plus rapides dans le cas de la sous-alimentation. Ces deux indicateurs, qui ont évolué en parallèle à l'échelle du monde, ont divergé de manière significative au niveau régional en raison des facteurs déterminant l'insuffisance pondérale chez l'enfant, qui sont différents.

Malgré une amélioration générale de la situation, la faim demeure un défi pour près de 795 millions d'habitants de la planète, notamment pour les 780 millions de personnes sous-alimentées vivant dans les régions en développement. Il importe donc que l'éradication de la faim reste un engagement essentiel pour les décideurs à tous les niveaux.

Dans l'édition 2015 de *L'État de l'insécurité alimentaire dans le monde*, nous ne nous bornons pas à évaluer les progrès, nous recensons également les problèmes qui persistent et formulons des recommandations sur la façon de les affronter. Une chose est certaine: il n'existe pas de panacée. Les interventions doivent être adaptées aux conditions, qu'il s'agisse des disponibilités alimentaires et de l'accès aux aliments ou des perspectives de développement à plus long terme. Pour aboutir, les solutions envisagées doivent être complètes et bien conçues, et bénéficier d'un degré satisfaisant d'engagement politique.

Il reste par conséquent beaucoup de travail à faire pour éradiquer la faim et concrétiser la sécurité alimentaire dans toutes ses dimensions. Le présent rapport met en évidence les principaux facteurs qui expliquent le succès enregistré jusqu'à présent dans la réalisation de la cible OMD 1c de réduction de la faim et fournit des indications sur les politiques qui devraient être mises en avant à l'avenir.

La croissance inclusive ouvre des possibilités à ceux qui possèdent peu d'avoirs et de compétences et améliore les moyens d'existence et les revenus des pauvres, particulièrement ceux qui vivent de l'agriculture. Elle est donc un des outils les plus efficaces pour lutter contre la faim et l'insécurité alimentaire et obtenir des progrès durables. Une meilleure rentabilité des ressources qu'exploitent les agriculteurs familiaux et les communautés qui dépendent de la pêche et de la forêt, ainsi que l'intégration de ces petits producteurs à l'économie rurale grâce au bon fonctionnement des marchés sont les éléments essentiels d'une croissance inclusive.

La protection sociale contribue directement à la réduction de la faim et de la malnutrition. En valorisant les capacités humaines et en favorisant la sécurité des revenus, elle stimule le développement économique local et donne aux pauvres la possibilité d'accéder à des emplois décents et de prendre part à la croissance économique. Conjuguer l'agriculture familiale et la protection sociale est une option qui porte en germe de nombreuses situations «gagnantes». Parmi celles-ci, les achats institutionnels auprès des agriculteurs locaux pour approvisionner les cantines scolaires et les programmes de l'administration publique, et les transports en espèces ou encore les initiatives «vivres-contre-travail» qui permettent aux communautés d'acheter des denrées alimentaires de production locale.

Pendant les crises prolongées dues à des conflits ou à des catastrophes naturelles, la menace de l'insécurité alimentaire et de la malnutrition devient plus préoccupante. La résolution de ces problèmes nécessite un fort engagement politique et des mesures efficaces.

Plus généralement, les progrès dans la lutte contre l'insécurité alimentaire exigent des interventions coordonnées et complémentaires de la part de toutes les parties prenantes. En tant que chefs des trois institutions romaines spécialisées dans l'alimentation et l'agriculture, nous avons été et resterons à l'avant-garde de ces efforts et nous avons œuvré ensemble pour aider les États Membres, leurs organisations et d'autres parties prenantes à surmonter la faim et la malnutrition.

D'importants engagements visant à réduire la faim ont été pris récemment au niveau régional – Initiative Amérique latine et Caraïbes libérées de la faim en 2025, Partenariat renouvelé pour en finir avec la faim en Afrique, Initiative Faim zéro pour l'Afrique de l'Ouest, Défi Faim zéro pour l'Asie-Pacifique et des initiatives pilotes pour le Bangladesh, le Myanmar, le Népal, la République démocratique populaire lao et le Timor-Leste, entre autres pays. D'autres initiatives sont en préparation dans le cadre des objectifs d'éradication de la faim d'ici à 2025 ou 2030.

Tous ces efforts méritent de notre part un soutien inconditionnel, concrétisé par le renforcement des capacités et des moyens des pays, afin qu'ils élaborent et exécutent avec succès les programmes nécessaires. Les progrès enregistrés depuis 1990 montrent que la faim, l'insécurité et la malnutrition peuvent être reléguées dans le passé. Ils montrent aussi qu'il nous reste un travail considérable pour faire de cette vision une réalité. Les éléments essentiels de ces efforts, dont nous sommes ensemble les artisans, sont l'engagement politique, le travail en partenariat, des financements adéquats et un éventail complet de mesures.

En tant que membres du système des Nations Unies, nous soutiendrons avec dynamisme les efforts des pays et d'autres parties prenantes qui miseront sur l'application du Défi Faim zéro, de la Déclaration de Rome de 2014 et du Programme de développement pour l'après-2015, en vue de reléguer la faim et la malnutrition dans le passé.

José Graziano da Silva
Directeur général de la FAO

Kanayo F. Nwanze
Président du FIDA

Ertharin Cousin
Directrice exécutive du PAM

REMERCIEMENTS

La présente édition de *L'État de l'insécurité alimentaire dans le monde* a été rédigée conjointement par l'Organisation des Nations Unies pour l'alimentation et l'agriculture (FAO), le Fonds international de développement agricole (FIDA) et le Programme alimentaire mondial (PAM).

La coordination technique de la publication a été assurée, sous la direction générale de Jomo Kwame Sundaram, par Pietro Gennari, avec le concours de Kostas Stamoulis et sous la conduite du Département du développement économique et social (ES) de la FAO. Piero Conforti, George Rapsomanikis et Josef Schmidhuber, de la FAO, ainsi que Rui Benfica, du FIDA, et Arif Husain, du PAM, sont intervenus en tant qu'éditeurs techniques. Les chefs de secrétariat des trois organismes ayant leur siège à Rome, et leurs services, ont formulé de précieuses observations et ont approuvé la version finale du rapport, avec la participation de Coumba Dieng Sow et Lucas Tavares (FAO).

La section intitulée *La sous-alimentation dans le monde en 2015* a été rédigée sur la base des contributions techniques de la part de Filippo Gheri, Erdgin Mane, Nathalie Troubat et Nathan Wanner, ainsi que de l'ensemble de l'équipe des statistiques sociales et de sécurité alimentaire relevant de la Division de la statistique (ESS) de la FAO. Mariana Campeanu, Tomasz Filipczuk, Nicolas Sakoff, Salar Tayyib et l'ensemble de l'équipe des bilans alimentaires ont fourni des statistiques de base.

La section intitulée *Gros plan sur l'objectif de réduction de la faim: évolution comparée de la sous-alimentation et de l'insuffisance pondérale chez l'enfant* a été préparée avec l'appui significatif de Chiara Brunelli et de l'équipe des statistiques sociales et de sécurité alimentaire relevant de la Division de la statistique (ESS) de la FAO.

La section intitulée *Sécurité alimentaire et nutrition: les moteurs du changement* a été rédigée grâce aux contributions des personnes suivantes: Federica Alfani, Lavinia Antonacci, Romina Cavatassi, Ben Davis, Julius Jackson, Panagiotis Karfakis, Leslie Lipper, Luca Russo et Elisa Scambelloni de la Division de l'économie du développement agricole (ESA) de la FAO; Ekaterina Krivonos et Jamie Morrison de la Division du commerce et des marchés (EST) de la FAO; Meshack Malo du Bureau du Directeur général adjoint aux ressources naturelles (FAO); Francesco Pierri du Bureau des partenariats, des activités de plaidoyer et du renforcement des capacités (FAO); Constanza Di Nucci (FIDA); ainsi que Niels Balzer, Kimberly Deni, Paul Howe, Michelle Lacey et John McHarris (PAM).

Filippo Gheri a été chargé de l'élaboration de l'annexe 1 et du traitement des données s'y rapportant. Nathan Wanner a élaboré l'annexe 2; il a bénéficié de contributions techniques essentielles de la part de Carlo Cafiero.

Les personnes suivantes ont communiqué de précieuses observations et suggestions: Raul Benitez, Eduardo Rojas Briales, Gustavo Merino Juárez, Arni Mathiesen, Eugenia Serova et Rob Vos (FAO); Karim Hussein et Edward Heinemann (FIDA); ainsi que Richard Choularton et Sarah Kohnstamm (PAM).

La coordination du processus de révision éditoriale, de conception graphique, de mise en page et de publication a été assurée par Michelle Kendrick (ES). Les services de conception graphique et de mise en page ont été assurés par Flora Dicarlo. La Sous-Division de la bibliothèque et des publications du Bureau de la communication de la FAO s'est chargée de la coordination de la production des éditions traduites. Les services de traduction et d'impression ont été assurés par le Service de programmation et de documentation des réunions de la Division de la Conférence, du Conseil et du protocole de la FAO.

La sous-alimentation dans le monde en 2015

Tendances mondiales

Les progrès se poursuivent dans la lutte contre la faim mais force est de constater que le nombre de personnes qui sont privées de la nourriture dont elles ont besoin pour mener une vie saine et active reste inacceptable. Les dernières estimations disponibles indiquent que quelque 795 millions de personnes (une sur neuf) ont souffert de sous-alimentation chronique pendant la période 2014-2016 (tableau 1). La proportion de personnes sous-alimentées dans la population – ou prévalence de la sous-alimentation[1] – est passée de 18,6 pour cent en 1990-1992

à 10,9 pour cent en 2014-2016, ce qui montre que dans une population mondiale qui ne cesse d'augmenter, le nombre de personnes sous-alimentées est en diminution. Depuis 1990-1992, le nombre de personnes souffrant de la faim dans le monde a en effet diminué de 216 millions, soit une réduction de 21,4 pour cent, tandis que la population totale augmentait de 1,9 milliard pendant la même période. La grande majorité d'entre elles vivent dans les pays en développement[2] qui comptaient, selon les estimations, 780 millions de personnes souffrant de sous-alimentation en

TABLEAU **1**

La sous-alimentation dans le monde, de 1990-1992 à 2014-2016

	Nombre de personnes sous-alimentées *(millions)* et prévalence *(%)* de la sous-alimentation									
	1990-1992		2000-2002		2005-2007		2010-2012		2014-2016*	
	Nombre	%	Nombre	%	Nombre	%	Nombre	%	Nombre	%
MONDE	1 010,6	18,6	929,6	14,9	942,3	14,3	820,7	11,8	794,6	10,9
RÉGIONS DÉVELOPPÉES	20,0	<5,0	21,2	<5,0	15,4	<5,0	15,7	<5,0	14,7	<5,0
RÉGIONS EN DÉVELOPPEMENT	990,7	23,3	908,4	18,2	926,9	17,3	805,0	14,1	779,9	12,9
Afrique	181,7	27,6	210,2	25,4	213,0	22,7	218,5	20,7	232,5	20,0
Afrique du Nord	6,0	<5,0	6,6	<5,0	7,0	<5,0	5,1	<5,0	4,3	<5,0
Afrique subsaharienne	175,7	33,2	203,6	30,0	206,0	26,5	205,7	24,1	220,0	23,2
Afrique australe	3,1	7,2	3,7	7,1	3,5	6,2	3,6	6,1	3,2	5,2
Afrique de l'Est	103,9	47,2	121,6	43,1	122,5	37,8	118,7	33,7	124,2	31,5
Afrique de l'Ouest	44,6	24,2	35,9	15,0	32,3	11,8	30,4	9,7	33,7	9,6
Afrique moyenne	24,2	33,5	42,4	44,2	47,7	43,0	53,0	41,5	58,9	41,3
Amérique latine et Caraïbes	66,1	14,7	60,4	11,4	47,1	8,4	38,3	6,4	34,3	5,5
Amérique latine	58,0	13,9	52,1	10,5	38,8	7,3	31,0	5,5	26,8	<5,0
Amérique centrale	12,6	10,7	11,8	8,3	11,6	7,6	11,3	6,9	11,4	6,6
Amérique du Sud	45,4	15,1	40,3	11,4	27,2	7,2	n.s.	<5,0	n.s.	<5,0
Caraïbes	8,1	27,0	8,2	24,4	8,3	23,5	7,3	19,8	7,5	19,8
Asie	741,9	23,6	636,5	17,6	665,5	17,3	546,9	13,5	511,7	12,1
Asie de l'Est	295,4	23,2	221,7	16,0	217,6	15,2	174,7	11,8	145,1	9,6
Asie de l'Ouest	8,2	6,4	14,0	8,6	17,2	9,3	18,4	8,8	18,9	8,4
Asie du Sud	291,2	23,9	272,3	18,5	319,1	20,1	274,2	16,1	281,4	15,7
Asie du Sud-Est	137,5	30,6	117,6	22,3	103,2	18,3	72,5	12,1	60,5	9,6
Caucase et Asie centrale	9,6	14,1	10,9	15,3	8,4	11,3	7,1	8,9	5,8	7,0
Océanie	1,0	15,7	1,3	16,5	1,3	15,4	1,3	13,5	1,4	14,2

* Les données pour 2014-2016 renvoient à des estimations provisoires.
Source: FAO.

2014-2016 (tableau 1). La prévalence de la sous-alimentation, qui s'établissait à 12,9 pour cent en 2014-2016, a baissé de 44,5 pour cent depuis 1990-1992.

Les changements qui se sont produits dans les grands pays très peuplés, notamment la Chine et l'Inde, permettent d'expliquer en grande partie les tendances mondiales de la réduction de la faim dans les régions en développement[3]. Des progrès rapides ont été réalisés au cours des années 90 lorsque les régions en développement, dans leur ensemble, ont enregistré une baisse constante du nombre de personnes sous-alimentées et de la prévalence de la sous-alimentation (figure 1). Au début des années 2000, la prévalence de la sous-alimentation a connu un ralentissement avant de repartir brutalement à la baisse à partir de 2005, passant de 17,3 pour cent en 2005-2007 à 14,1 pour cent en 2010-2012. Les estimations relatives à la période plus récente, en partie fondées sur des projections, prévoient une nouvelle phase de progression plus lente, la prévalence tombant à 12,9 pour cent en 2014-2016.

■ Mesurer les progrès accomplis dans le monde par rapport aux objectifs

L'année 2015 marque la fin de la période de suivi des deux objectifs internationalement convenus concernant la réduction de la faim. Le premier est l'objectif du Sommet mondial de l'alimentation (SMA). Lors du SMA, tenu à Rome en 1996, les représentants de 182 gouvernements s'étaient engagés à «[...] *éradiquer la faim dans tous les pays et, dans l'immédiat, [à] réduire de moitié le nombre des personnes sous-alimentées d'ici à 2015 au plus tard*»[4]. Le deuxième est l'objectif 1 du Millénaire pour le développement (OMD 1) qui concerne la faim. En 2000, 189 pays ont pris l'engagement d'affranchir leur population de multiples privations, reconnaissant que tout individu a droit à la dignité, à la liberté, à l'égalité et à un niveau de vie minimum, ce qui suppose notamment d'être épargné par la faim et la violence. Cet engagement a débouché sur la formulation de huit OMD en 2001. Les OMD sont ensuite devenus opérationnels grâce à la définition de cibles et d'indicateurs qui permettent de mesurer les progrès accomplis aux niveaux national et mondial sur une période de référence de 25 ans, de 1990 à 2015. Le premier OMD (objectif 1) comprend trois cibles différentes: réduire de moitié la pauvreté dans le monde, assurer le plein emploi et la possibilité pour chacun de trouver un travail décent et productif, et réduire de moitié, d'ici à 2015, la proportion de la population qui souffre de la faim[5]. La FAO a suivi les progrès accomplis dans la réalisation des objectifs du SMA et de la cible 1c des OMD en utilisant la période de 1990 à 1992 (trois ans) comme point de départ.

Les dernières estimations relatives à la prévalence de la sous-alimentation suggèrent que les régions en développement ont, dans leur ensemble, presque atteint la cible 1c des OMD. En 2014-2016, la réduction devrait être inférieure à un point de pourcentage à celle qui est nécessaire pour atteindre l'objectif

d'ici 2015 (figure 1)[6]. Malgré ce petit écart et compte tenu de la marge de fiabilité des données utilisées pour estimer la sous-alimentation, la cible peut être considérée comme ayant été atteinte. Toutefois, comme il a été indiqué dans les éditions 2013 et 2014 du présent rapport, il aurait fallu que des progrès plus rapides soient accomplis au cours des dernières années pour que l'objectif soit atteint à cent pour cent. En effet, malgré les progrès importants enregistrés dans de nombreux pays, l'accélération nécessaire ne semble pas avoir eu lieu dans l'ensemble des régions en développement.

L'autre objectif, fixé par le SMA en 1996, n'a pas été réalisé, loin s'en faut. Selon les estimations actuelles, le nombre de personnes sous-alimentées en 1990-1992 est légèrement inférieur à un milliard dans les régions en développement. Pour respecter l'objectif du SMA, il aurait fallu réduire ce nombre à environ 515 millions, soit quelque 265 millions de moins que l'estimation actuelle pour 2014-2016 (tableau 1). Toutefois, considérant que la population a augmenté de 1,9 milliard de personnes depuis 1990-1992, ce sont près de deux milliards de personnes qui ont été libérées d'un état de sous-alimentation probable au cours des 25 dernières années.

Les progrès importants réalisés dans la lutte contre la faim au cours de la dernière décennie doivent être examinés dans le contexte d'un environnement mondial difficile caractérisé par une instabilité des prix des produits de base, un niveau globalement élevé des prix de l'énergie et des aliments, une

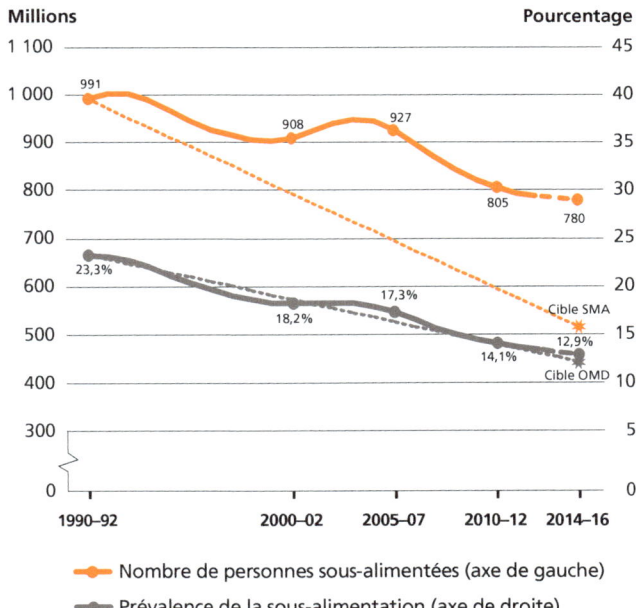

FIGURE 1

Évolution de la sous-alimentation dans les régions en développement: progrès (réels et projetés) par rapport aux cibles de l'OMD et du SMA

Note: Les données pour 2014-2016 renvoient à des estimations provisoires.
Source: FAO.

hausse des taux de chômage et de sous-emploi et, surtout, par les récessions économiques mondiales qui ont eu lieu à la fin des années 90 et, à nouveau, après 2008. Les événements météorologiques extrêmes et les catastrophes naturelles, dont la fréquence est de plus en plus grande, ont fait énormément de victimes et de dégâts économiques et entravé les efforts visant à améliorer la sécurité alimentaire. L'instabilité politique et les troubles civils ont aussi joué un rôle négatif puisqu'ils ont porté le nombre de personnes déplacées dans le monde à son plus haut niveau depuis la Seconde Guerre mondiale. Ces phénomènes ont entraîné une dégradation de la sécurité alimentaire dans certains des pays plus vulnérables, en particulier en Afrique subsaharienne, tandis que dans d'autres régions, comme l'Asie de l'Est et du Sud-Est, leurs effets négatifs ont été nuls ou ont pu être réduits au minimum.

Dans un environnement économique mondial en pleine mutation, les approches traditionnelles pour lutter contre la faim sont remises en cause et les mesures de protection sociale et d'autres mesures qui fournissent une assistance ciblée aux groupes de population plus vulnérables font l'objet d'un intérêt croissant. Ces mesures ciblées, lorsqu'elles sont combinées

avec des interventions structurelles et à long terme, jouent un rôle important parce qu'elles permettent de créer un cercle vertueux associant une alimentation de qualité et une plus grande productivité du travail. Les interventions directes sont les plus efficaces lorsqu'elles ciblent les populations les plus vulnérables et répondent à leurs besoins spécifiques en améliorant la qualité de leur alimentation. On note à ce propos que la qualité des régimes alimentaires continue d'être un problème préoccupant même lorsque les politiques mises en place ont réussi à lutter contre les carences énergétiques et alimentaires. L'Afrique subsaharienne et l'Asie du Sud restent particulièrement exposées à ce qui est désormais connu sous le nom de «faim insoupçonnée». Il s'agit d'un apport de micronutriments inexistant ou insuffisant qui est la cause de différents types de malnutrition, telles que l'anémie ferriprive et la carence en vitamine A.

L'incidence des défis posés par l'environnement économique mondial sur les régions, ainsi que les politiques adoptées pour les relever, sont abordées en détail dans la troisième section du présent rapport intitulée *Sécurité alimentaire et nutrition: les moteurs du changement* (voir p. 27-46).

Des écarts importants persistent entre les régions

Les progrès accomplis pour améliorer la sécurité alimentaire continuent d'être inégaux selon les régions. Certaines d'entre elles, notamment l'Asie centrale et le Caucase, l'Asie de l'Est, l'Afrique du Nord et l'Amérique latine, ont progressé rapidement en matière de réduction de la faim. D'autres, en particulier l'Asie de l'Ouest, les Caraïbes et l'Océanie ont également réussi à faire baisser la prévalence de la sous-alimentation, mais plus lentement. Les progrès ont également été inégaux à l'intérieur de ces régions et d'importantes poches d'insécurité alimentaire subsistent encore dans un certain nombre de pays. Ils ont été globalement lents dans deux régions, l'Afrique subsaharienne et l'Asie du Sud. Certains pays déclarent qu'ils ont réussi à réduire la faim mais la sous-alimentation et d'autres formes de malnutrition restent à des niveaux globalement élevés dans ces régions.

Les différents taux de progression enregistrés dans les régions ont modifié la répartition régionale de la faim depuis le début des années 90 (figure 2). L'Asie du Sud et l'Afrique subsaharienne représentent désormais une proportion nettement plus importante de la sous-alimentation dans le monde[7]. Les parts de l'Asie occidentale et de l'Océanie ont également augmenté, mais dans des proportions moindres et à partir de niveaux relativement bas. Parallèlement, les progrès plus rapides que la moyenne enregistrés en Amérique latine et

dans les Caraïbes et en Asie de l'Est indiquent que les parts respectives de ces régions dans la sous-alimentation mondiale sont désormais beaucoup plus réduites.

▪ Progrès accomplis pour réaliser les objectifs internationaux concernant la faim

La figure 3 montre comment les différentes régions en développement parviennent à respecter ces objectifs. Selon les estimations, l'Afrique dans son ensemble, et l'Afrique subsaharienne en particulier, n'atteindra pas la cible 1c des OMD. L'Afrique du Nord, par contre, a atteint la cible définie[8]. En revanche, l'objectif du SMA, plus ambitieux, semble être hors de portée de l'Afrique et de ses sous-régions. L'Asie est une région qui a déjà atteint la cible 1c des OMD. Il faudrait néanmoins qu'elle réduise encore de 140 millions le nombre de personnes sous-alimentées pour atteindre l'objectif du SMA et il est peu probable qu'elle y parvienne dans un avenir proche. La région Amérique latine et Caraïbes dans son ensemble a atteint la cible 1c des OMD et l'objectif du SMA en 2014-2016. Enfin, l'Océanie n'a atteint ni la cible 1c des OMD ni l'objectif du SMA.

Certains pays ont réalisé les deux objectifs internationaux. Au total, selon les dernières estimations, 72 pays en développement ont atteint la cible 1c des OMD concernant la réduction de la faim en 2014-2016 (tableaux 2 et 3, p. 13-14) et 29 pays ont

FIGURE 2

Évolution de la répartition de la faim dans le monde: nombre de personnes sous-alimentées dans les différentes régions et part de chacune des régions dans le nombre total, pour 1990-1992 et 2014-2016

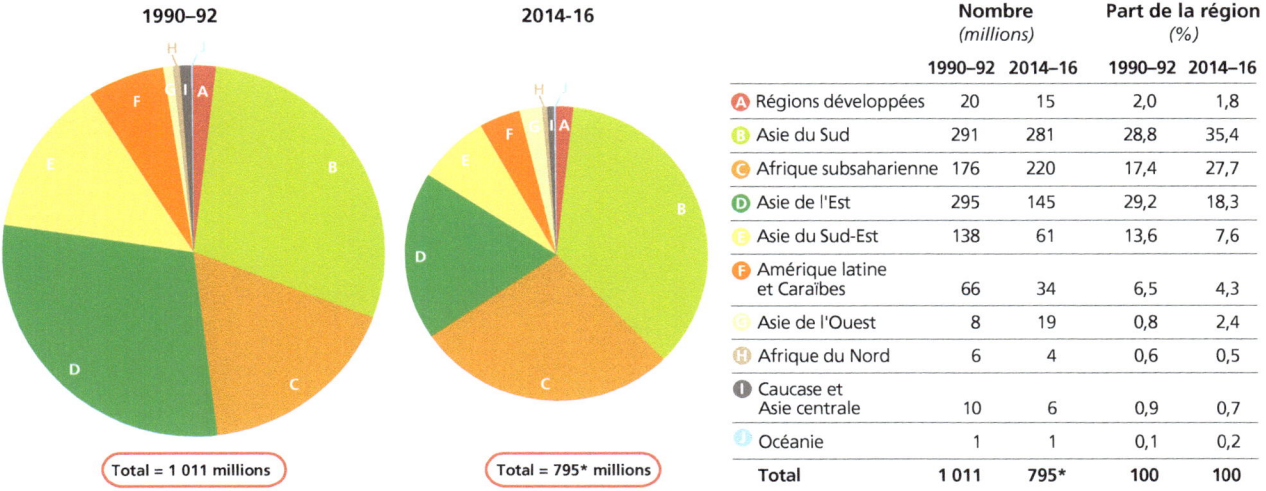

		Nombre (millions)		Part de la région (%)	
		1990–92	2014–16	1990–92	2014–16
A	Régions développées	20	15	2,0	1,8
B	Asie du Sud	291	281	28,8	35,4
C	Afrique subsaharienne	176	220	17,4	27,7
D	Asie de l'Est	295	145	29,2	18,3
E	Asie du Sud-Est	138	61	13,6	7,6
F	Amérique latine et Caraïbes	66	34	6,5	4,3
G	Asie de l'Ouest	8	19	0,8	2,4
H	Afrique du Nord	6	4	0,6	0,5
I	Caucase et Asie centrale	10	6	0,9	0,7
J	Océanie	1	1	0,1	0,2
	Total	**1 011**	**795***	**100**	**100**

Total = 1 011 millions

Total = 795* millions

Note: Les différents secteurs des diagrammes circulaires ont une taille proportionnelle au nombre total de personnes sous-alimentées pour chaque période. Les données pour 2014-2016 renvoient à des estimations provisoires. Tous les chiffres sont arrondis.
* Sont inclus les chiffres pour le Soudan qui ne sont pas compris dans ceux de l'Afrique subsaharienne, suite à la partition du pays quand le Soudan du Sud est devenu un État indépendant en 2011.
Source: FAO.

également atteint l'objectif du SMA[9]. En outre, 31 pays en développement n'ont atteint que la cible 1c des OMD, soit en réduisant la prévalence de la sous-alimentation de 50 pour cent ou plus, soit en la ramenant en dessous de cinq pour cent. Enfin, un troisième groupe de 12 pays est également classé aux côtés de ceux qui ont atteint la cible 1c des OMD, car ils ont maintenu la prévalence de la sous-alimentation à un niveau proche ou en dessous de cinq pour cent depuis 1990-1992.

■ Afrique subsaharienne: des réussites, mais les objectifs internationaux concernant la faim sont loin d'être atteints

En Afrique subsaharienne, un peu moins d'une personne sur quatre, soit 23,2 pour cent de la population, devrait être sous-alimentée en 2014-2016 (figure 4, p. 15). Il s'agit de la prévalence la plus forte dans toute la région et la deuxième en chiffres absolus, puisque la région compte environ 220 millions de personnes souffrant de la faim en 2014-2016. En fait, le nombre de personnes sous-alimentées a même augmenté de 44 millions entre 1990-1992 et 2014-2016, malgré la baisse de la prévalence de la sous-alimentation (tableau 1, p. 8) dans la région, ce qui montre la vigueur du taux de croissance de la population (2,7 pour cent par an). La lenteur des progrès accomplis dans la lutte contre la faim au fil des ans est particulièrement préoccupante. Si la prévalence de la sous-alimentation a fléchi assez rapidement entre 2000-2002 et 2005-2007, ce rythme a ralenti au cours des années suivantes en raison de certains facteurs tels que la hausse des prix des denrées alimentaires, la sécheresse et l'instabilité politique dans plusieurs pays.

Dans la sous-région d'Afrique centrale[10], le nombre de personnes sous-alimentées a doublé entre 1990-1992 et 2014-2016, alors que la prévalence de la sous-alimentation a diminué de 23,4 pour cent. L'écart qui existe entre l'augmentation en nombre absolu et le recul de la prévalence de la sous-alimentation s'explique par la croissance rapide de la population de l'Afrique centrale. L'absence de progrès en nombre absolu est due aux différents problèmes que connaît la sous-région, notamment l'instabilité politique, la guerre civile et la guerre totale, ce qui est le cas en République centrafricaine.

L'Afrique de l'Est reste la sous-région qui, avec 124 millions de personnes sous-alimentées, connaît le problème de la faim le plus grave en nombre absolu. Comme en Afrique centrale, la région continue de connaître une croissance rapide de la population. La proportion de personnes sous-alimentées a chuté de 33,2 pour cent tandis que le nombre de personnes souffrant de la faim a augmenté de près de 20 pour cent au cours de la période de suivi des OMD. La situation est plus favorable en Afrique australe, où la prévalence de la sous-alimentation a reculé de 28 pour cent depuis 1990-1992, et où un peu plus de 3 millions de personnes restent sous-alimentées. La sous-région qui a le mieux réussi à réduire la faim est l'Afrique de l'Ouest, où le nombre de personnes sous-alimentées a diminué de 24,5 pour cent depuis 1990-1992, tandis que la prévalence de la sous-alimentation devrait être inférieure à 10 pour cent en 2014-2016. Ce succès a été obtenu en dépit d'une combinaison de facteurs défavorables tels que la croissance rapide de la population (le Nigéria est le pays le plus peuplé de la région), la sécheresse au Sahel et les prix des denrées alimentaires, qui ont été élevés ces dernières années.

FIGURE **3**

Il existe des écarts importants dans les progrès réalisés par les différentes régions par rapport aux cibles de l'OMD et du SMA

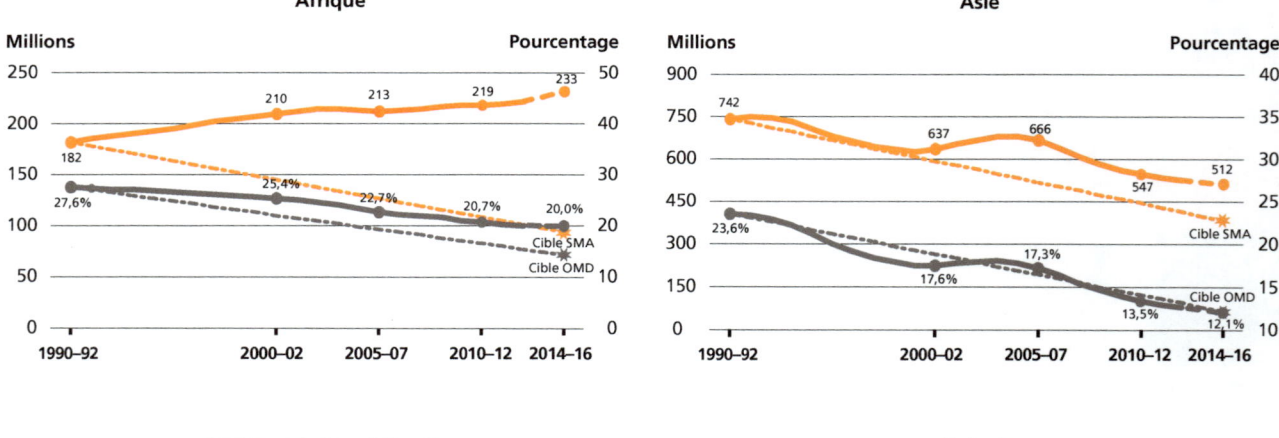

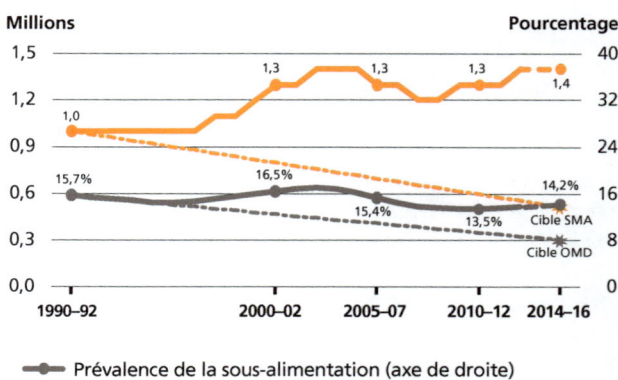

Note: Les données pour 2014-2016 renvoient à des estimations provisoires.
Source: FAO.

Au total, 18 pays d'Afrique subsaharienne ont atteint la cible 1c des OMD, et quatre autres sont près de l'atteindre (ils sont censés y parvenir avant 2020 si la tendance actuelle persiste). Parmi eux, sept pays ont également atteint l'objectif plus ambitieux du SMA (Angola, Cameroun, Djibouti, Gabon, Ghana, Mali et Sao Tomé-et-Principe), et deux autres (Afrique du Sud et Togo) sont proches de le faire. Certes, cette évolution est satisfaisante, mais les progrès ont été réalisés à partir de niveaux de sous-alimentation qui étaient très élevés, et nombre de ces pays enregistrent encore des taux de malnutrition très importants. Les pays les plus peuplés qui ont atteint la cible 1c des OMD concernant la faim sont notamment l'Angola, le Cameroun, l'Éthiopie, le Ghana, le Malawi, le Mozambique, le Nigéria et le Togo. En outre, beaucoup de petits pays, notamment le Bénin, la Gambie, Maurice et le Niger, l'ont également atteint. D'autres, dont le Tchad, le Rwanda et la Sierra Leone, sont proches d'atteindre cette cible, même si le taux de sous-alimentation dans ces pays reste très élevé, en termes relatifs et absolus. Cependant, la plupart des pays d'Afrique subsaharienne ne progressent pas par rapport aux

objectifs internationaux, et de nombreux pays, dont la République centrafricaine et la Zambie, sont toujours confrontés à des niveaux élevés de prévalence de la sous-alimentation.

La troisième section du présent rapport, intitulée *Sécurité alimentaire et nutrition: les moteurs du changement* (voir p. 27-46), montre que parmi les pays qui ont bien progressé dans la lutte contre la faim, nombreux sont ceux qui bénéficient d'une situation politique stable, d'une croissance économique globale et de secteurs primaires, principalement l'agriculture, les pêches et les forêts, en expansion. Beaucoup avaient mis des politiques en œuvre pour faciliter et protéger l'accès à la nourriture. En outre, beaucoup de ces pays ont enregistré des taux de croissance démographique élevés, ce qui ne les a pas empêchés d'atteindre la cible 1c des OMD, voire l'objectif du SMA[11]. La réduction de la faim est donc possible même lorsque les populations augmentent rapidement, à condition que des conditions politiques et institutionnelles soient mises en place. En revanche, les pays où les progrès ont été insuffisants ou ceux dans lesquels les taux de sous-

TABLEAU **2**

Pays qui ont atteint ou sont en passe d'atteindre les objectifs internationaux de réduction de la faim

Objectif SMA et cible OMD 1c atteints		En passe d'atteindre l'objectif SMA*		Cible OMD 1c atteinte		En passe d'atteindre la cible OMD 1c*		Prévalence de la sous-alimentation inférieure à (ou proche de) 5 pour cent depuis 1990
1	Angola	1	Afrique du Sud	1	Algérie	1	Cabo Verde	1 Afrique du Sud
2	Arménie	2	Algérie	2	Bangladesh	2	Colombie	2 Arabie saoudite
3	Azerbaïdjan	3	Indonésie	3	Bénin	3	Équateur	3 Argentine
4	Brésil	4	Maldives	4	Bolivie (État plurinational de)	4	Honduras	4 Barbade
5	Cameroun	5	Panama	5	Cambodge	5	Jamaïque	5 Brunei Darussalam
6	Chili	6	Togo	6	Costa Rica	6	Paraguay	6 Égypte
7	Chine	7	Trinité-et-Tobago	7	Éthiopie	7	Rwanda	7 Émirats arabes unis
8	Cuba	8	Tunisie	8	Fidji	8	Sierra Leone	8 Kazakhstan
9	Djibouti			9	Gambie	9	Tchad	9 Liban
10	Gabon			10	Îles Salomon			10 République de Corée
11	Géorgie			11	Indonésie			11 Tunisie
12	Ghana			12	Iran			12 Turquie
13	Guyana			13	Jordanie			
14	Kirghizistan			14	Kiribati			
15	Koweït			15	Malaisie			
16	Mali			16	Malawi			
17	Myanmar			17	Maldives			
18	Nicaragua			18	Maroc			
19	Oman			19	Maurice			
20	Pérou			20	Mauritanie			
21	République dominicaine			21	Mexique			
22	Saint-Vincent-et-les Grenadines			22	Mozambique			
23	Samoa			23	Népal			
24	Sao Tomé-et-Principe			24	Niger			
25	Thaïlande			25	Nigéria			
26	Turkménistan			26	Ouzbékistan			
27	Uruguay			27	Panama			
28	Venezuela (République bolivarienne du)			28	Philippines			
29	Viet Nam			29	République démocratique populaire lao			
				30	Suriname			
				31	Togo			

* Ces pays devraient atteindre la cible avant l'année 2020.
Source: Calculs de la FAO.

alimentation se sont dégradés sont souvent caractérisés par une croissance agricole faible et des mesures de protection sociale inadéquates. Beaucoup sont en situation de crise prolongée. Le nombre de ces pays est supérieur à ceux pour lesquels des données sont fournies dans le tableau A1. Le manque d'informations fiables sur la disponibilité alimentaire et l'accès à la nourriture ne permet pas d'effectuer une analyse rigoureuse de la prévalence de la sous-alimentation pour des pays tels que le Burundi, l'Érythrée, la République démocratique du Congo et la Somalie, qui ont donc été exclus. Cela étant, les indicateurs de sécurité alimentaire pour lesquels des données sont disponibles suggèrent que les niveaux de sous-alimentation de ces pays demeurent très élevés.

■ **Afrique du Nord: les objectifs internationaux concernant la faim sont atteints, malgré l'instabilité potentielle**

Les tendances et les taux de sous-alimentation en Afrique du Nord sont très différents de ceux qui sont observés dans le reste du continent. D'après les projections pour 2014-2016, la région a enregistré des niveaux de prévalence de la sous-alimentation inférieurs à cinq pour cent (figure 4)[12]. La situation des différents pays par rapport aux objectifs internationaux concernant la faim est plus ou moins cohérente. Dans des pays comme l'Algérie, l'Égypte, le Maroc et la Tunisie, un pourcentage de cinq pour cent de la population équivaut à un

TABLEAU **3**

Pays qui ont atteint les objectifs internationaux concernant la faim, par région

Afrique subsaharienne	Asie de l'Est, du Sud et du Sud-Est, et Océanie	Amérique latine et Caraïbes	Asie centrale et Caucase	Afrique du Nord et Asie occidentale
Pays qui ont atteint la cible 1c des OMD en réduisant de moitié la proportion de personnes sous-alimentées ou en la ramenant à moins de cinq pour cent d'ici à 2015				
1 Bénin	11 Bangladesh	22 Bolivie	27 Ouzbékistan	28 Algérie
2 Éthiopie	12 Cambodge	23 Costa Rica		29 Iran
3 Gambie	13 Fidji	24 Mexique		30 Jordanie
4 Malawi	14 Îles Salomon	25 Panama		31 Maroc
5 Maurice	15 Indonésie	26 Suriname		
6 Mauritanie	16 Kiribati			
7 Mozambique	17 Malaisie			
8 Niger	18 Maldives			
9 Nigéria	19 Népal			
10 Togo	20 Philippines			
	21 République démocratique populaire lao			
Pays qui ont atteint la cible 1c des OMD et l'objectif du SMA, qui consiste à réduire de moitié le nombre de personnes souffrant de la faim d'ici à 2015				
1 Angola	8 Chine	13 Brésil	23 Arménie	28 Koweït
2 Cameroun	9 Myanmar	14 Chili	24 Azerbaïdjan	29 Oman
3 Djibouti	10 Samoa	15 Cuba	25 Géorgie	
4 Gabon	11 Thaïlande	16 Guyana	26 Kirghizistan	
5 Ghana	12 Viet Nam	17 Nicaragua	27 Turkménistan	
6 Mali		18 Pérou		
7 Sao Tomé-et-Principe		19 République Dominicaine		
		20 Saint-Vincent-et-les Grenadines		
		21 Uruguay		
		22 Venezuela (République bolivarienne du)		
Pays qui ont maintenu la sous-alimentation à un niveau inférieur à cinq pour cent, ou s'en rapprochant, depuis 1990-1992				
1 Afrique du Sud	2 Brunei Darussalam	4 Argentine	6 Kazakhstan	7 Arabie saoudite
	3 République de Corée	5 Barbade		8 Égypte
				9 Émirats arabes unis
				10 Liban
				11 Tunisie
				12 Turquie

Source: FAO.

nombre considérable de personnes, mais le fait que la prévalence de la sous-alimentation soit généralement faible indique que, sur la base des tendances actuelles, la région est presque parvenue à éliminer l'insécurité alimentaire grave.

L'accès subventionné à l'alimentation est un élément central de la politique menée dans la région, qui a permis de maîtriser la hausse des prix des produits alimentaires de base même lorsque les prix mondiaux se sont envolés. On peut s'interroger sur la pérennité de ces mesures mais elles ont néanmoins contribué à maintenir les taux de sous-alimentation à un niveau bas en fournissant une grande quantité de calories à moindre coût. Cependant, l'accent mis sur l'apport en calories a relégué les problèmes relatifs à la qualité des aliments au second plan et a fait apparaître d'autres formes de malnutrition, notamment une augmentation de la prévalence du surpoids et de l'obésité. En outre, la région reste confrontée à une instabilité économique et politique potentielle et réelle. Certains pays sont fortement tributaires des importations de produits alimentaires, et leur base de ressources limitée, ainsi que la croissance rapide de la population, laissent prévoir que la dépendance à l'égard des importations restera une caractéristique de la région à l'avenir, malgré les efforts déployés pour accroître la productivité agricole.

■ **Asie du Sud: des progrès, mais trop lents pour atteindre les objectifs internationaux concernant la faim**

Les taux les plus élevés en chiffres absolus sont enregistrés en Asie du Sud. D'après les estimations pour 2014-2016, environ 281 millions de personnes sont sous-alimentées dans la région, un nombre qui n'a que légèrement diminué par rapport à celui de la période 1990-1992 (tableau 1, p. 8). Des progrès significatifs ont cependant été notés en termes relatifs, et la prévalence de la sous-alimentation a fléchi, passant de 23,9 pour cent en 1990-1992 à 15,7 pour cent en 2014-2016 (figure 4). Le taux de sous-alimentation est donc un problème qui est de mieux en mieux géré dans la région. Plus important encore, les progrès se sont accélérés au cours de la dernière décennie malgré la hausse des prix sur les marchés internationaux des produits de base. L'évolution des tendances concernant la faim en Inde a eu notamment une influence significative sur les résultats de la région. Les prix élevés des produits alimentaires observés dans le monde depuis la fin des années 2000 n'ont pas été intégralement répercutés sur les prix intérieurs, en particulier dans des grands pays comme l'Inde. Dans ce pays, le programme élargi de distribution de denrées

FIGURE **4**

Tendances en matière de sous-alimentation: pratiquement toutes les régions progressent, mais à des rythmes très différents

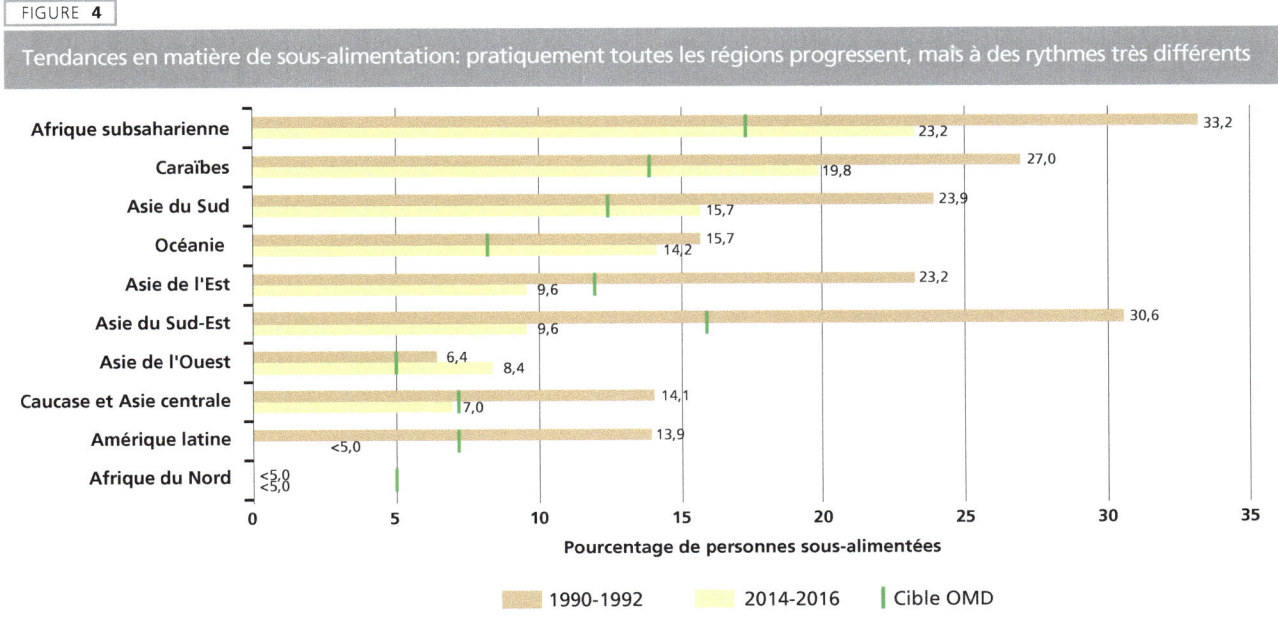

Note: Les données pour 2014-2016 renvoient à des estimations provisoires.
Source: FAO.

alimentaires a également contribué à ce résultat positif. L'augmentation du taux de croissance ne s'est pas entièrement traduite par une augmentation de la consommation alimentaire, voire une meilleure qualité des aliments, ce qui suggère que les pauvres et les personnes souffrant de la faim n'ont peut-être pas beaucoup bénéficié de la croissance globale.

La plupart des pays d'Asie du Sud ont fait des progrès dans la réalisation des objectifs internationaux concernant la faim, mais ces progrès ont été trop lents pour qu'ils puissent atteindre les objectifs du SMA ou les OMD. On peut citer à cet égard l'Afghanistan, l'Inde, le Pakistan et Sri Lanka. Or ces pays, qui représentent une grande partie de la population de la région, sont responsables de la faible performance globale. En effet, l'Inde est encore au deuxième rang des pays qui comptent le plus grand nombre de personnes sous-alimentées dans le monde. Le Bangladesh est une exception notable en termes de performance, car il progresse plus rapidement et a déjà atteint la cible 1c des OMD, en s'appuyant notamment sur le cadre global de la politique alimentaire nationale adopté au milieu des années 2000. Par ailleurs, le Népal a non seulement atteint la cible 1c des OMD mais il a presque atteint le seuil de cinq pour cent. Un autre pays de la région, la République islamique d'Iran, a déjà ramené la prévalence de la sous-alimentation à moins de cinq pour cent et a ainsi atteint la cible 1c des OMD.

■ Asie de l'Est et Asie du Sud-Est: des progrès rapides et généralisés par rapport aux objectifs internationaux concernant la faim

Les deux régions qui ont le mieux réussi à lutter contre la faim ont été l'Asie de l'Est et l'Asie du Sud-Est. Le nombre de personnes sous-alimentées en Asie de l'Est a chuté, passant de 295 millions d'individus en 1990-1992 à 145 millions en 2014-2016, soit une réduction de 50,9 pour cent (tableau 1, p. 8). Au cours de la même période, la prévalence de la sous-alimentation est tombée de 23,2 pour cent au début de la période de suivi à 9,6 pour cent en 2014-2016, soit une réduction de plus de 60 pour cent (figure 4).

En Asie du Sud-Est, le nombre de personnes sous-alimentées a poursuivi sa baisse progressive, passant de 137,5 millions en 1990-1992 à 60,5 millions en 2014-2016, ce qui représente une réduction globale de 56 pour cent. La prévalence de la sous-alimentation a diminué de 68,5 pour cent, ce qui est remarquable, passant de 30,6 pour cent en 1990-1992 à moins de 10 pour cent en 2014-2016. La plupart des pays de l'Asie du Sud-Est font des progrès rapides dans la réalisation des objectifs internationaux. Le Cambodge, l'Indonésie, le Myanmar, les Philippines, la République démocratique populaire lao, la Thaïlande et le Viet Nam contribuent tous à ces résultats positifs. Aucun pays de la région n'est en retard concernant le respect des objectifs internationaux. Le Brunéi Darussalam et la Malaisie ont réussi à faire passer la prévalence de la sous-alimentation sous la barre des cinq pour cent et sont en bonne voie d'éliminer la faim.

Comme il est indiqué plus en détail dans la section intitulée *Sécurité alimentaire et nutrition: les moteurs du changement* (p. 27-46), une grande partie de la réussite de l'Asie de l'Est et du Sud-Est est due à un taux de croissance économique global élevé. Contrairement à l'Asie du Sud, ces sous-régions ont enregistré une croissance qui a bénéficié à un plus grand nombre de personnes pauvres et vulnérables. Depuis la Révolution verte, la croissance rapide de la productivité agricole a considérablement amélioré la disponibilité alimentaire, ainsi que l'accès des ruraux pauvres à la nourriture.

Les résultats de la Chine dans la réduction de la faim dominent la performance globale de l'Asie de l'Est. Ce pays représente en effet près des deux tiers de la réduction du nombre de personnes sous-alimentées dans les régions en développement entre 1990-1992 et 2014-2016. La Chine et la République de Corée ont réalisé la cible 1c des OMD et l'objectif du SMA. Néanmoins, étant donné la taille de sa population, la Chine compte toujours près de 134 millions de personnes souffrant de la faim ainsi que le plus grand nombre de personnes sous-alimentées. Les perspectives d'une croissance continue, des économies de plus en plus axées sur le marché national, le développement de débouchés économiques dans les régions intérieures et la capacité croissante des pauvres à bénéficier de ces évolutions ont été, et seront, les principaux facteurs de la réduction de la faim. Compte tenu de sa taille, les mêmes conclusions s'appliquent au niveau régional et ont une nette influence sur les résultats mondiaux. La seule exception majeure à l'évolution favorable observée dans la région est la République populaire démocratique de Corée, qui est confrontée en permanence à des niveaux élevés de sous-alimentation et ne semble pas prête à résoudre ce problème de sitôt.

■ Asie centrale et Caucase: la reprise rapide après le passage à l'économie de marché a permis d'atteindre les objectifs internationaux de réduction de la faim

Les progrès enregistrés dans la région de l'Asie centrale et du Caucase sont dus à plusieurs facteurs, notamment une croissance économique rapide, un environnement riche en ressources et des envois de fonds des émigrés. Après une période de transition difficile au début des années 90, souvent caractérisée par une instabilité politique et une austérité économique, les conditions économiques se sont considérablement améliorées et la situation politique s'est stabilisée. Grâce à ces avancées, l'ensemble de la région souffre moins de la faim. D'après les dernières estimations, la prévalence de la sous-alimentation diminue régulièrement, passant de 14,1 pour cent en 1990-1992 à sept pour cent en 2014-2016 (figure 4, p. 15). Le nombre de personnes sous-alimentées est bien moindre que dans d'autres sous-régions asiatiques: 5,8 millions en 2014-2016 par rapport à 9,6 millions en 1990-1992 (tableau 1, p. 8).

Les progrès ont été suffisamment rapides pour permettre à la région dans son ensemble et à la plupart des pays d'atteindre la cible OMD 1c de réduction de la faim. Ainsi, la plupart des pays ont enregistré des niveaux de prévalence de la sous-alimentation proches de cinq pour cent, voire inférieurs à ce seuil. L'Arménie, l'Azerbaïdjan, la Géorgie, le Kirghizistan et le Turkménistan ont atteint l'objectif du SMA, tandis que le Kazakhstan et l'Ouzbékistan ont atteint la cible OMD 1c de réduction de la faim. Le Tadjikistan[13], seul pays à accuser un certain retard, enregistre des progrès insuffisants ne lui permettant pas d'atteindre les objectifs internationaux, et est

affligé d'une prévalence de la sous-alimentation relativement élevée (33,2 pour cent en 2014-2016).

■ Asie de l'Ouest: aucun progrès accompli dans la réalisation des objectifs internationaux de réduction de la faim, en dépit du faible niveau de sous-alimentation enregistré dans plusieurs pays

En Asie de l'Ouest, où l'on peut observer des évolutions extrêmement différentes, le tableau est moins encourageant. Certains pays, notamment l'Iraq et le Yémen, présentent des niveaux élevés d'insécurité alimentaire et ont progressé lentement vers l'amélioration. En revanche, la plupart des autres pays ont depuis longtemps atteint de bons niveaux de sécurité alimentaire, après avoir fait passer leurs niveaux de sous-alimentation sous le seuil des cinq pour cent. Ce groupe inclut des pays stables sur le plan politique et riches en ressources sur le plan économique tels que l'Arabie saoudite, les Émirats arabes unis et le Koweït, ainsi que la Jordanie, le Liban et Oman, qui ont tous atteint la cible OMD 1c de réduction de la faim; le Koweït et Oman ont aussi atteint l'objectif du SMA. Ce groupe inclut également des pays caractérisés par une croissance accélérée et une bonne stabilité politique, dont la Turquie. En Iraq et au Yémen, et dans d'autres pays de la région pour lesquels aucune donnée fiable n'est disponible, les principaux facteurs expliquant l'absence de progrès sont l'instabilité politique, la guerre et les troubles intérieurs, ainsi que la fragilité des institutions[14].

En dépit d'un nombre relativement bas de personnes sous-alimentées, l'Asie de l'Ouest a enregistré une augmentation de la sous-alimentation tout au long de la période de suivi: la prévalence de la sous-alimentation a augmenté de 32,2 pour cent entre 1990-1992 et 2014-2016, passant de 6,4 à 8,4 pour cent (figure 4, p. 15). En parallèle, l'accroissement rapide de la population a conduit à une explosion dramatique du nombre de personnes sous-alimentées qui est passé de 8 millions à près de 19 millions. Par conséquent, en raison de ces écarts notables entre les pays, la région dans son intégralité n'a pas progressé sur la voie de la réalisation des objectifs internationaux de réduction de la faim quels qu'ils soient.

■ Amérique latine et Caraïbes: réalisation des objectifs internationaux de réduction de la faim grâce aux rapides progrès accomplis en Amérique du Sud

En Amérique latine, la prévalence de la sous-alimentation a chuté, passant de 13,9 pour cent en 1990-1992 à moins de cinq pour cent en 2014-2016 (figure 4, p. 15). En parallèle, le nombre de personnes sous-alimentées a fléchi, passant de 58 millions à moins de 27 millions (tableau 1, p. 8). Comme dans la plupart des régions, des différences notables existent entre les pays et les sous-régions. Par exemple, la sous-région de l'Amérique centrale a accompli beaucoup moins de progrès par rapport à l'Amérique du Sud ou même à l'Amérique latine dans son ensemble. Si, en Amérique du Sud, il a été possible de faire reculer la sous-alimentation de plus de 75 pour cent et finalement de la faire passer sous le seuil des cinq pour cent, en Amérique centrale la prévalence de la sous-alimentation n'a baissé que de 38,2 pour cent au cours de la période de suivi des OMD.

En dépit des évolutions divergentes au sein de la région, l'Amérique latine a atteint haut la main à la fois la cible 1c des OMD et l'objectif du SMA. Ces réalisations globales sont également dues dans une large mesure aux solides progrès accomplis dans les pays les plus peuplés. Dans la région, les progrès sont principalement associés à une bonne performance économique générale, à une croissance régulière de la production agricole et à des politiques de protection sociale concluantes. Les actions combinées suivantes ont largement contribué à l'amélioration de la sécurité alimentaire dans la région: filets de sécurité, programmes spéciaux axés sur l'agriculture familiale et les petits exploitants, appui ciblé apporté aux groupes vulnérables, et interventions à large assise dans le domaine de la sécurité alimentaire (programmes d'alimentation scolaire notamment). À l'échelle du continent, des engagements importants ont été pris. Le premier, en 2005, a été l'Initiative Amérique latine et Caraïbes libérées de la faim et ces engagements ont finalement abouti, à travers une série d'autres initiatives, au Plan de la Communauté des États d'Amérique latine et des Caraïbes en faveur de la sécurité alimentaire, de la nutrition et de l'élimination de la faim d'ici à 2025[15] adopté par tous les pays de la région en janvier 2015 au cours du troisième sommet présidentiel de ladite Communauté.

Actuellement, les taux de sous-alimentation sont inférieurs au seuil de cinq pour cent en Argentine, au Brésil, au Chili, au Mexique, en République bolivarienne du Venezuela et en Uruguay, et l'objectif du SMA a été atteint en Argentine, au Brésil, au Chili, au Costa Rica, au Guyana, au Nicaragua, au Pérou, en République bolivarienne du Venezuela et en Uruguay. Dans l'ensemble, 13 pays d'Amérique latine ont atteint la cible OMD 1c de réduction de la faim. En plus des pays mentionnés ci-dessus, ce groupe inclut l'État plurinational de Bolivie, le Guyana, le Panama, le Pérou et le Suriname. Si les tendances actuelles se confirment au cours des prochaines années, la cible 1c des OMD est également à la portée de quatre autres pays, à savoir la Colombie, l'Équateur, le Honduras et le Paraguay. Même si certains pays, comme El Salvador ou le Guatemala, ne semblent pas près de réaliser les objectifs internationaux, aucun pays de la région n'enregistre une prévalence de la sous-alimentation supérieure à 20 pour cent.

Dans l'ensemble, les Caraïbes, à l'instar de l'Amérique centrale, n'ont pas réussi à atteindre la cible 1c des OMD. Toutefois, contrairement à l'Amérique centrale, dans presque tous les pays des Caraïbes les problèmes subsistants relatifs à la sous-alimentation sont moindres et sont donc plus gérables. La prévalence de la sous-alimentation a reculé, passant de 27 pour cent en 1990-1992 à 19,8 pour cent en 2014-2016, soit une baisse relative de 26,6 pour cent. Cependant, de nombreux pays des Caraïbes ont atteint les objectifs internationaux ou

sont sur le point de le faire. La Barbade, Cuba, la République dominicaine et Saint-Vincent-et-les Grenadines ont pour leur part tous atteint la cible OMD 1c de réduction de la faim. En outre, les trois derniers pays de la liste ont également atteint l'objectif plus ambitieux du SMA. La cible 1c est également à la portée immédiate de la Jamaïque et de Trinité-et-Tobago. Le fait que la région dans son ensemble ait pris du retard par rapport aux objectifs est dû aux graves problèmes frappant sans répit Haïti. Ce pays a été victime de catastrophes naturelles récurrentes, il est encore confronté à une croissance lente des disponibilités alimentaires par rapport à la croissance démographique et il doit faire face à une dégradation accrue de ses ressources et à la fragilité de son économie à l'échelon national[16].

◼ Océanie

Les pays en développement de l'Océanie ont enregistré peu de progrès dans le domaine de l'amélioration de la sécurité alimentaire. Dans la région, la prévalence de la sous-alimentation a globalement baissé de moins de 10 pour cent entre 1990-1992 et 2014-2016. Cela correspond à une augmentation du nombre de personnes sous-alimentées de près de 0,5 million, soit une hausse de 50 pour cent. Dans cette région composée en grande partie de petits États insulaires en développement caractérisés par une forte dépendance à l'égard des importations de produits alimentaires, la sécurité alimentaire de la majorité des pays peut être gravement frappée par des chocs externes (instabilité des prix au niveau international, événements climatiques extrêmement défavorables et variations brusques de la disponibilité de certains aliments de base comme le riz). Les îles du Pacifique sont confrontées à tout l'éventail de la sous-alimentation: alors que la sous-alimentation a reculé lentement, l'excès pondéral, l'obésité et, par conséquent, les maladies non transmissibles (diabète de type 2, maladies cardio-vasculaires) font payer un lourd tribut à la santé et à l'économie de la région.

Plusieurs pays de la région couverts par ce rapport ont atteint la cible OMD 1c de réduction de la faim dont les Fidji, les Îles Salomon, Kiribati et le Samoa alors que ce n'est pas le cas du Vanuatu. Le Samoa a également atteint l'objectif plus ambitieux du SMA. Au Vanuatu, la situation s'est détériorée de façon dramatique après le passage dévastateur du cyclone Pam en mars 2015[17]. Avant cet événement catastrophique, le pays enregistrait des progrès constants dans le domaine de la réduction de la faim. Pour ce qui est de la Papouasie-Nouvelle-Guinée, de loin le pays le plus peuplé de la région, il n'a pas été possible d'effectuer une évaluation détaillée à cause de l'insuffisance de données historiques fiables. En dépit du progrès global constaté, l'incertitude règne quant à la situation dans le pays car les informations nécessaires pour évaluer la sous-alimentation ne sont pas disponibles. Certains éléments empiriques donnent à penser que la situation du pays en matière de sécurité alimentaire est loin d'être réglée.

Principales conclusions

- Sur la base des dernières données, on estime que 795 millions de personnes sont sous-alimentées à l'échelon mondial, soit 167 millions de personnes de moins au cours des dix dernières années, et 216 millions de moins qu'en 1990-1992. Cela veut dire qu'actuellement, dans le monde, un peu plus d'une personne sur neuf n'est pas en mesure de se nourrir suffisamment pour pouvoir mener une vie saine et active.

- Environ 780 millions de ces personnes, soit la grande majorité des personnes sous-alimentées, vivent dans les régions en développement. Dans ces régions, la prévalence de la sous-alimentation a reculé de 44,4 pour cent depuis 1990-1992, et la proportion de personnes sous-alimentées par rapport à la population totale est désormais de 12,9 pour cent.

- L'année 2015 marque la fin de la période du suivi des progrès accomplis en matière de réalisation des objectifs de réduction de la faim énoncés dans le cadre des OMD et du SMA. Les dernières estimations suggèrent que les régions en développement ont presque atteint la cible OMD 1c de réduction de la faim. D'un point de vue strictement statistique, la cible a été manquée de peu, mais du point de vue du développement, l'engagement pris au titre de la cible 1c a été essentiellement concrétisé, au moins à l'échelle mondiale. En revanche, l'objectif du SMA n'a pas été réalisé, loin s'en faut. Selon les estimations, le nombre de personnes sous-alimentées inclut 285 millions de personnes de plus que l'objectif fixé pour 2015.

- De grands écarts persistent entre les régions. Certaines ont enregistré des progrès rapides en matière de réduction de la faim: l'Amérique latine ainsi que l'Asie de l'Est et du Sud-Est ont atteint à la fois la cible 1c des OMD et celle plus ambitieuse du SMA. L'Asie centrale, le Caucase, ainsi que l'Afrique du Nord et de l'Ouest ont atteint la cible 1c des OMD. L'Asie du Sud, les Caraïbes, l'Océanie, ainsi que l'Afrique australe et l'Afrique de l'Est ont aussi enregistré des progrès, mais à un rythme trop lent pour pouvoir atteindre la cible 1c. Enfin, l'Afrique centrale et l'Asie de l'Ouest s'éloignent des objectifs de réduction de la faim, ces régions enregistrant aujourd'hui au sein de leur population une plus grande proportion de personnes sous-alimentées par rapport à 1990-1992.

- Au total, sur les 129 pays en développement faisant l'objet du suivi, 72 ont atteint la cible OMD 1c de réduction de la faim. Parmi eux, 29 pays ont également atteint l'objectif plus ambitieux du SMA, et 12 autres pays maintiennent depuis 1990-1992 la prévalence de la sous-alimentation à un niveau inférieur à cinq pour cent ou très proche de ce seuil.

- La plupart des pays qui ont réalisé les objectifs de réduction de la faim ont bénéficié de conditions politiques stables et d'une bonne croissance économique, et ils ont mis en place en parallèle des politiques rationnelles de protection sociale ciblant les groupes vulnérables de la population. Dans ces pays, la volonté de lutter contre la faim a porté ses fruits malgré les difficultés liées à la croissance démographique accélérée, à l'instabilité des prix des produits de base, aux prix élevés des aliments et de l'énergie, à la hausse du chômage et aux récessions économiques à la fin des années 90 puis à nouveau en 2008.

- Dans plusieurs des pays qui n'ont pas réussi à atteindre les objectifs internationaux de réduction de la faim, des catastrophes naturelles ou causées par l'homme ou encore l'instabilité politique ont fait naître une situation de crise prolongée, ce qui a fait obstacle à la protection des groupes vulnérables de la population et à la concrétisation de sources de revenu pour tous. Dans d'autres pays, les bienfaits de la croissance économique n'ont pas profité aux plus pauvres faute de politiques efficaces de protection sociale et de redistribution des revenus. Dans un premier temps, l'intervention humanitaire est le seul moyen de faire face à l'insécurité alimentaire. Sur le moyen et le long terme, on ne peut éliminer la sous-alimentation que si toutes les parties prenantes contribuent à la conception et à la mise en œuvre de politiques visant à améliorer les possibilités économiques, à accroître la protection des groupes vulnérables et à renforcer la préparation en prévision des catastrophes. Pour ce qui est des actions entreprises à l'échelon mondial et régional, il faut tenir compte des spécificités des pays et de leur degré d'exposition aux catastrophes naturelles ou causées par l'homme, en particulier lorsqu'il s'agit des petits États insulaires en développement.

Évolution comparée de la sous-alimentation et de l'insuffisance pondérale chez l'enfant

Pour mesurer les progrès accomplis dans la réalisation de la cible 1c des OMD relative à la réduction de la faim, qui exige de réduire de moitié, entre 1990 et 2015, la proportion de la population souffrant de la faim, deux indicateurs ont été définis: la prévalence de la sous-alimentation (ou PoU, pour *prevalence of undernourishment*), surveillée par la FAO, et la prévalence de l'insuffisance pondérale chez les enfants de moins de cinq ans (ou CU5, pour *prevalence of underweight children under 5*), dont le suivi a été confié au Fonds des Nations Unies pour l'enfance (UNICEF) et à l'Organisation mondiale de la Santé (OMS). La fin de la période de suivi des OMD est l'occasion d'examiner l'évolution de ces indicateurs au fil des années, afin de dégager des tendances communes et, en cas de divergences, de comprendre leurs causes.

Des tendances communes peuvent être escomptées car ces deux indicateurs ont été approuvés par la communauté internationale pour mesurer les progrès relatifs à l'objectif de réduction de la faim. Cependant, la pluralité des méthodes utilisées pour compiler les données[18] et les différentes dimensions de l'insécurité alimentaire que ces indicateurs sont censés refléter peuvent donner lieu à des écarts.

Comprendre l'évolution de ces deux indicateurs avec leurs variations d'une région à l'autre et au fil du temps paraît essentiel pour saisir la complexité des enjeux de la sécurité alimentaire et contribuer à un meilleur ciblage des politiques d'intervention. L'insuffisance pondérale peut avoir plusieurs causes – non seulement une insuffisance de l'apport calorique ou protéique, mais aussi une mauvaise hygiène, la maladie ou un accès limité à de l'eau propre. En présence de ces facteurs, l'organisme humain est moins à même d'assimiler les nutriments présents dans les aliments et c'est alors qu'apparaissent des affections liées aux déficits nutritionnels, comme le retard de croissance, le dépérissement ou l'insuffisance pondérale. C'est pourquoi les deux indicateurs ne reflètent pas toujours le même problème sous-jacent. Lorsque l'insuffisance pondérale est principalement due à une alimentation insuffisante, la prévalence de la sous-alimentation et l'insuffisance pondérale chez les enfants de moins de cinq ans devraient avoir une évolution synchrone. En revanche, lorsque le problème est lié à une mauvaise utilisation des aliments, les deux indicateurs sont susceptibles de diverger.

En considérant l'ensemble des régions en développement pour toute la période de suivi des OMD, les tendances sont restées constantes pour les deux indicateurs. De 1990 à 2013, le CU5 est passé de 27,4 pour cent à 16,6 pour cent, soit une réduction de 39,3 pour cent, tandis que le PoU a reculé de 44,5 pour cent entre 1990-1992 et 2014-2016 (tableau 4, figure 5, p. 20-21)[19]. Le taux de diminution annuel est similaire.

Schémas régionaux

La progression parallèle des deux indicateurs observée pour l'ensemble des régions en développement n'est pas toujours aussi évidente lorsque l'analyse vise des régions individuelles. Dans certaines d'entre elles, les taux de diminution affichés par les deux indicateurs considérés ne sont pas uniformes (tableau 4). En Afrique subsaharienne, par exemple, le PoU et le CU5 n'évoluent à l'unisson qu'en Afrique de l'Est, alors que dans pratiquement toutes les autres sous-régions, ils divergent dans le temps. Au contraire, en Asie et en Amérique latine, les tendances enregistrées dans les sous-régions ont une évolution

TABLEAU **4**

Prévalence de la sous-alimentation et prévalence de l'insuffisance pondérale chez les enfants de moins de cinq ans: progrès accomplis durant la période de suivi des OMD

	Prévalence de la sous-alimentation [1]			Prévalence de l'insuffisance pondérale chez l'enfant [2]		
	Début	Fin	Variation annuelle moyenne	Début	Fin	Variation annuelle moyenne
			(%)			(%)
RÉGIONS EN DÉVELOPPEMENT	**23,3**	**12,9**	**–2,4**	**27,4**	**16,6**	**–2,1**
Afrique	**27,6**	**20,00**	**–1,3**	**22,8**	**17,0**	**–1,3**
Afrique du Nord	<5	<5	–2,9	9,5	4,8	–2,9
Afrique subsaharienne	33,2	23,2	–1,5	28,5	21,1	–1,3
Afrique australe	7,2	5,2	–1,4	11,9	12,1	0,1
Afrique de l'Est	47,2	31,5	–1,7	26,9	18,7	–1,6
Afrique de l'Ouest	24,2	9,6	–3,8	26,1	20,5	–1,0
Afrique moyenne	33,5	41,3	0,9	25,0	15,5	–2,1
Amérique latine et Caraïbes	**14,7**	**5,5**	**–4,0**	**7,0**	**2,7**	**–4,1**
Amérique centrale	10,7	6,6	–2,0	10,6	3,6	–4,6
Amérique du Sud	15,1	<5	–5,7	5,9	2,9	–3,1
Caraïbes	27,0	19,8	–1,3	8,1	3,2	–3,9
Asie	**23,6**	**12,1**	**–2,8**	**31,4**	**18,4**	**–2,3**
Asie de l'Est	23,2	9,6	–3,6	14,1	2,7	–6,9
Asie de l'Ouest	6,4	8,4	1,3	13,0	5,4	–3,8
Asie du Sud	23,9	15,7	–1,7	49,2	30,0	–2,1
Asie du Sud-Est	30,6	9,6	–4,7	30,4	16,6	–2,6
Caucase et Asie centrale	14,1	7,0	–2,9	9,3*	4,3	–3,3
Océanie	**15,7**	**14,2**	**–0,4**	**18,5**	**18,9**	**0,1**

Notes:
[1] En ce qui concerne la prévalence de la sous-alimentation, la période de début du suivi est 1990–1992, la période de fin du suivi est 2014–2016. Les données pour 2014–2016 renvoient à des estimations provisoires.
[2] En ce qui concerne la prévalence de l'insuffisance pondérale chez l'enfant, la période de début du suivi est 1991 et la période de fin du suivi est 2013. Les estimations pour 1991 sont fondées sur la tendance linéaire entre les estimations officielles de l'UNICEF pour 1990 et 1995 (source: http://data.unicef.org/resources/2013/webapps/nutrition#).
* La période de début du suivi pour le Caucase et l'Asie centrale est 1995.
Source: FAO et UNICEF/OMS/Banque mondiale.

pratiquement parallèle. Le reste de la présente section analyse les divergences et les similitudes entre ces tendances.

■ Afrique du Nord

Les problèmes de la région sont bien reflétés par les indicateurs de réduction de la faim établis dans le cadre des OMD. L'indicateur PoU et l'indicateur CU5 montrent que dans cette région les niveaux absolus de l'insécurité alimentaire sont très bas, même par rapport aux autres régions en développement. En particulier, le retard de croissance chez les enfants de moins de cinq ans a reculé rapidement pendant la période considérée, passant de 9,5 à 4,8 pour cent. En ce qui concerne l'utilisation des aliments, les conditions semblent favorables, puisqu'en 2013, plus de 90 pour cent de la population a accès à de l'eau propre et à des installations sanitaires améliorées. Quant à la prévalence de la sous-alimentation, le taux reste inférieur au seuil des cinq pour cent depuis 1990-1992 (figure 6). Dans de nombreux pays de la

région, les habitants disposent d'une ration calorique suffisante, voire excédentaire. Comme en Afrique de l'Ouest, le problème est surtout lié à des régimes alimentaires déséquilibrés, trop riches en hydrates de carbone, l'apport calorique étant principalement constitué par des céréales et du sucre. Les subventions sur les produits alimentaires pratiquées dans plusieurs pays d'Afrique du Nord ont en partie contribué à une faible prévalence de la sous-alimentation mais ont favorisé une consommation excessive d'aliments à forte valeur énergétique, faisant ainsi grandir les risques liés aux maladies non transmissibles et à l'obésité.

■ Afrique subsaharienne

Le spectre de la sous-alimentation et de l'insuffisance pondérale chez l'enfant planait au début des années 90 dans toute la région, où ces deux indicateurs affichaient des taux supérieurs à 25 pour cent. Depuis lors, le PoU et le CU5 ont lentement diminué et se suivent de près (figure 7).

FIGURE **5**

Régions en développement: Évolution de la prévalence de la sous-alimentation et de la prévalence de l'insuffisance pondérale chez l'enfant

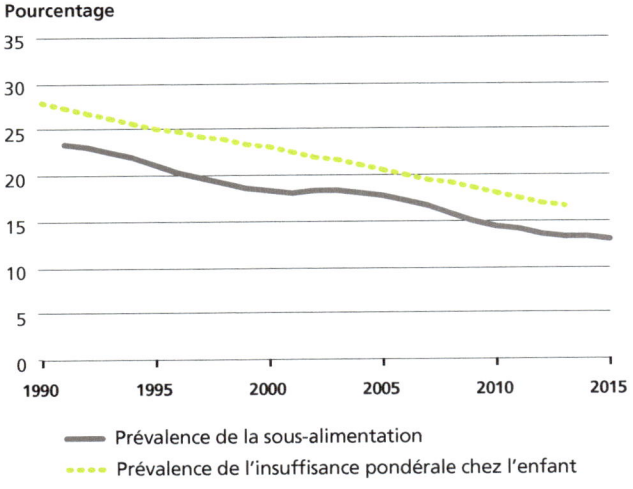

Note: La prévalence de la sous-alimentation est estimée d'après des moyennes sur trois années, les années indiquées sur l'axe des abscisses (x) correspondant à la deuxième année de chaque période. Par exemple, "2015" correspond aux chiffres estimatifs pour la période 2014-2016.
Sources: FAO et UNICEF/OMS/Banque mondiale.

FIGURE **6**

Afrique du Nord: Évolution de la prévalence de la sous-alimentation et de la prévalence de l'insuffisance pondérale chez l'enfant

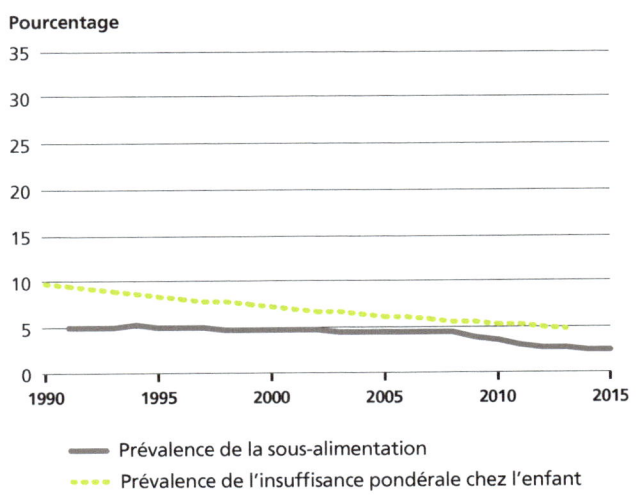

Note: La prévalence de la sous-alimentation est estimée d'après des moyennes sur trois années, les années indiquées sur l'axe des abscisses (x) correspondant à la deuxième année de chaque période. Par exemple, "2015" correspond aux chiffres estimatifs pour la période 2014-2016.
Sources: FAO et UNICEF/OMS/Banque mondiale.

FIGURE **7**

Afrique subsaharienne: Évolution de la prévalence de la sous-alimentation et de la prévalence de l'insuffisance pondérale chez l'enfant

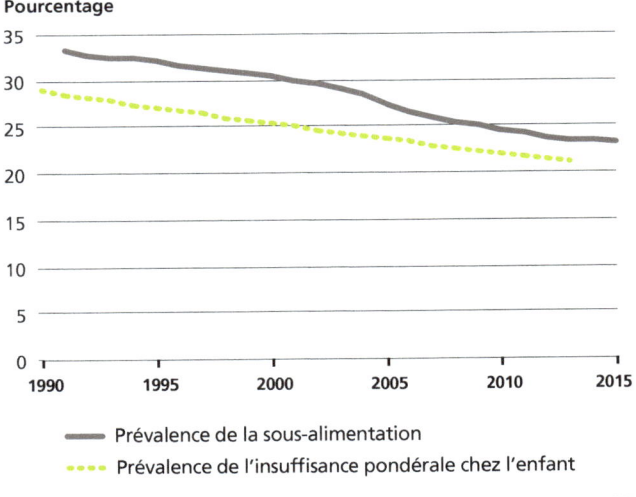

Note: La prévalence de la sous-alimentation est estimée d'après des moyennes sur trois années, les années indiquées sur l'axe des abscisses (x) correspondant à la deuxième année de chaque période. Par exemple, "2015" correspond aux chiffres estimatifs pour la période 2014-2016.
Sources: FAO et UNICEF/OMS/Banque mondiale.

Pendant les années 90, le PIB par habitant a diminué dans plusieurs pays d'Afrique subsaharienne et l'indice du développement humain (IDH) de la région est devenu le plus bas au monde[20]. Ces facteurs expliquent la lenteur des progrès face à la sous-alimentation, et la torpeur des investissements en faveur des infrastructures et de la santé[21]. En moyenne, à l'époque, seule une personne sur quatre avait accès à l'électricité, alors que la moyenne mondiale était d'une personne sur trois. De même, en ce qui concerne le nombre de médecins par millier d'habitants, la proportion en Afrique subsaharienne était de 0,15 contre 1,3 pour le reste du monde.

Pendant les années 2000, la situation de la sécurité alimentaire s'est progressivement améliorée en Afrique subsaharienne. La croissance économique a redémarré dans plusieurs pays, ce qui a fait reculer la sous-alimentation mais les principaux défis, en particulier la nécessité de s'attaquer aux mauvaises conditions d'hygiène et à l'inadéquation des régimes alimentaires, n'ont pas été affrontés. Ces lacunes sont particulièrement évidentes en Afrique occidentale, en dépit d'une chute de plus de 60 pour cent du PoU depuis 1990-1992, qui est due principalement aux progrès réalisés par de grands pays comme le Ghana et le Nigéria. Toutefois, cette amélioration repose sur une plus grande disponibilité de denrées de base et les problèmes de déséquilibre des régimes alimentaires n'ont pas été résolus. Alors que la prévalence de la sous-alimentation baissait rapidement en Afrique de l'Ouest, les taux relatifs à l'insuffisance pondérale chez les enfants de moins de cinq ans ne donnaient aucun signe de fléchissement et demeuraient supérieurs à 20 pour cent.

Les problèmes de l'Afrique subsaharienne illustrent bien la nature multifactorielle de l'insécurité alimentaire mais suggèrent aussi que, pour en venir à bout, il faut des solutions différentes pour chacune de ses dimensions. Par exemple, il n'est pas nécessairement indiqué d'accroître l'offre en hydrates de carbone pour provoquer une amélioration généralisée de la sécurité alimentaire dans la région. Les mesures envisagées devraient plutôt mettre l'accent sur l'accès des pauvres à des régimes alimentaires équilibrés et, plus généralement, sur l'amélioration des conditions de vie, afin de prévenir les affections telles que l'insuffisance pondérale, le dépérissement et le retard de croissance chez l'enfant.

■ Asie centrale et Caucase

Dans l'ensemble, les taux relatifs aux indicateurs PoU et CU5 ont été faibles et la situation à l'échelle de la région s'est nettement améliorée au fil du temps (figure 8). La transition économique et politique du début des années 90 et, plus tard, la crise économique des premières années 2000 paraissent avoir influé uniquement sur la prévalence de la sous-alimentation, qui a connu d'importantes variations pendant ces périodes. Au seuil des années 2000, les deux indicateurs avaient repris une évolution parallèle grâce à l'amélioration des conditions de vie. Au cours de ces dernières années, l'insuffisance pondérale chez l'enfant est restée inférieure à cinq pour cent dans la plupart des pays, à l'exception du Tadjikistan, où elle est toujours de 15 pour cent environ. Depuis le début des années 90, seuls quelques pays ont enregistré sporadiquement des valeurs supérieures à 10 pour cent pour l'indicateur CU5. En même temps, les remous dus à la transition ont à peine entamé les conditions régnant dans la région du point de vue de la santé et de l'hygiène. La proportion de la population ayant accès à de l'eau propre et à des installations sanitaires améliorées a

toujours dépassé 85 et 90 pour cent respectivement, pendant toute la période considérée. Ces conditions, couplées à l'amélioration de la nutrition qui s'est produite pendant la décennie écoulée, expliquent la diminution régulière du CU5. Il convient de souligner que les taux élevés de pauvreté qui ont sévi dans la plupart des pays de la région ont été relativement passagers et n'ont pas été trop lourds de conséquences sur l'utilisation des aliments.

■ Asie de l'Est

Des progrès réguliers et rapides sont observés en Asie de l'Est pour les deux indicateurs de la cible relative à la faim. Au début de la période de suivi, la prévalence de la sous-alimentation a fléchi un peu plus vite que l'insuffisance pondérale chez les enfants de moins de cinq ans (figure 9). La moyenne régionale de l'indicateur PoU a connu de faibles variations dans les années 90 et au début des années 2000 tandis que la réduction de la sous-alimentation s'est accélérée à nouveau après 2006.

La baisse plus constante de l'indicateur CU5 s'explique par l'amélioration régulière des conditions d'hygiène dans plusieurs pays. L'accès à l'eau potable, par exemple, a progressé de 37 pour cent pendant la période de suivi, tandis que l'accès à des installations sanitaires améliorées a fait un bond de 153 pour cent depuis les années 90. Outre les fortes retombées positives qu'ils ont eues sur l'utilisation des aliments, ces facteurs contribuent à contenir les taux d'insuffisance pondérale chez les enfants de moins de cinq ans et entraînent une progression rapide de cet indicateur.

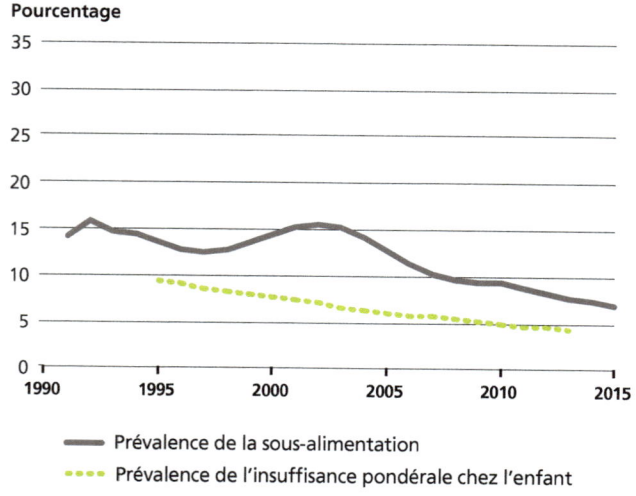

FIGURE **8**

Caucase et Asie centrale: Évolution de la prévalence de la sous-alimentation et de la prévalence de l'insuffisance pondérale chez l'enfant

Pourcentage

— Prévalence de la sous-alimentation

···· Prévalence de l'insuffisance pondérale chez l'enfant

Note: La prévalence de la sous-alimentation est estimée d'après des moyennes sur trois années, les années indiquées sur l'axe des abscisses (x) correspondant à la deuxième année de chaque période. Par exemple, "2015" correspond aux chiffres estimatifs pour la période 2014-2016. *Sources:* FAO et UNICEF/OMS/Banque mondiale.

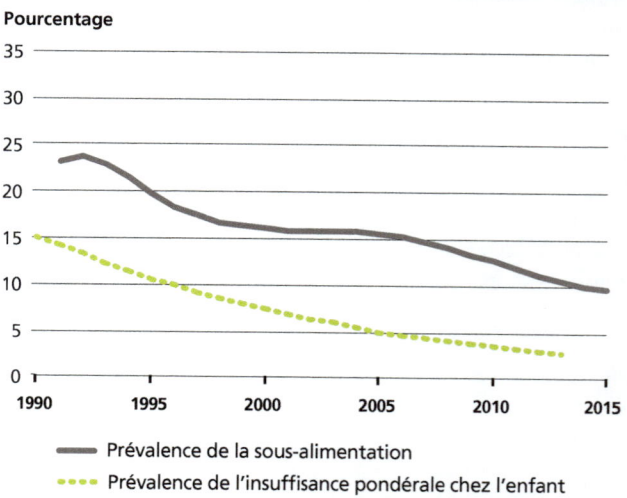

FIGURE **9**

Asie de l'Est: Évolution de la prévalence de la sous-alimentation et de la prévalence de l'insuffisance pondérale chez l'enfant

Pourcentage

— Prévalence de la sous-alimentation

···· Prévalence de l'insuffisance pondérale chez l'enfant

Note: La prévalence de la sous-alimentation est estimée d'après des moyennes sur trois années, les années indiquées sur l'axe des abscisses (x) correspondant à la deuxième année de chaque période. Par exemple, "2015" correspond aux chiffres estimatifs pour la période 2014-2016. *Sources:* FAO et UNICEF/OMS/Banque mondiale.

Asie du Sud

L'Asie du Sud est la région où les taux du CU5 étaient historiquement les plus élevés, mais aussi la région où des progrès rapides ont permis de réduire l'insuffisance pondérale des jeunes enfants. Cet indicateur est passé de 49,2 pour cent en 1990 à 30 pour cent en 2013 et a diminué de 39 pour cent pendant la période de suivi des OMD (tableau 4, p. 20). En comparaison, le PoU s'est moins bien comporté, de sorte qu'à l'échelle de la sous-région, les courbes des deux indicateurs ont progressivement convergé (figure 10).

Les données factuelles qui permettent d'expliquer la baisse relativement rapide du CU5 sont de plus en plus abondantes. De nombreux pays de la région ont bénéficié au cours des 25 dernières années d'une solide croissance économique qui a fait baisser les taux de pauvreté. La diminution régulière de l'insuffisance pondérale chez l'enfant coïncide avec le recul de la pauvreté, mais la sous-alimentation est plus modestement passée de 23,9 pour cent à 15,7 pour cent entre 1990-1992 et 2014-2016. Cette divergence est largement due à l'Inde car en raison de sa vaste population, ce pays est celui qui influence le plus le panorama régional. Parmi les hypothèses qui expliqueraient l'écart entre la consommation alimentaire et la situation des revenus en Inde, on cite en général le creusement des disparités, la mauvaise qualité des données, la difficulté d'établir les besoins énergétiques de la population, qui sont en évolution[22]. Mais l'énigme est loin d'être résolue et, comme indiqué dans la section précédente, la consommation calorique reste curieusement faible en dépit de l'amélioration des revenus par habitant et du recul de la pauvreté dans ce pays.

Les progrès de l'indicateur CU5 s'expliquent notamment par un accès amélioré à l'eau potable et au réseau d'assainissement et, par conséquent, à de meilleures conditions d'hygiène et de santé. Par exemple, l'accès des ménages à des installations d'assainissement améliorées a presque doublé, passant de 23 pour cent à 42 pour cent entre 1990 et 2012. Pendant la même période, l'accès à l'eau potable a progressé de 73 pour cent à 91 pour cent. Par ailleurs, les programmes de nutrition ciblés qui ont été déployés dans des pays clés de la région à l'intention des jeunes enfants, des femmes enceintes et des femmes en âge de procréer ont probablement contribué à la baisse rapide des taux d'insuffisance pondérale chez les enfants de moins de cinq ans. À titre d'exemple, on citera le Programme de services intégrés pour le développement de l'enfant, qui existe en Inde depuis 1975 et, au Bangladesh, le Programme intégré de nutrition financé par la Banque mondiale. Malgré la diminution rapide de l'insuffisance pondérale chez les enfants de moins de cinq ans, cet indicateur était encore beaucoup plus élevé par rapport à toutes les autres sous-régions de l'Asie, ce qui indique que des progrès

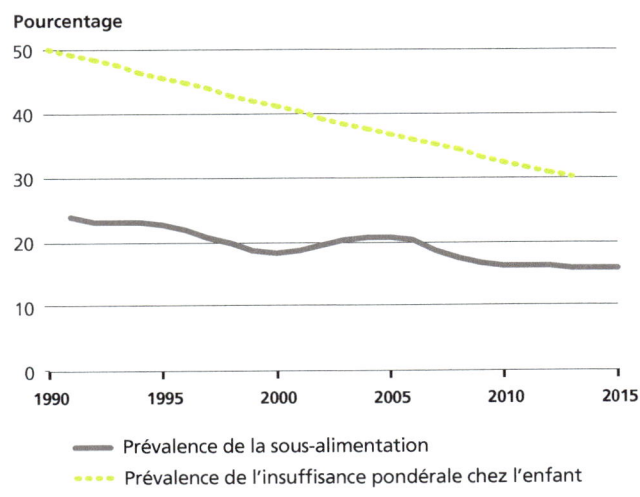

FIGURE 10

Asie du Sud: Évolution de la prévalence de la sous-alimentation et de la prévalence de l'insuffisance pondérale chez l'enfant

Pourcentage

— Prévalence de la sous-alimentation

···· Prévalence de l'insuffisance pondérale chez l'enfant

Note: La prévalence de la sous-alimentation est estimée d'après des moyennes sur trois années, les années indiquées sur l'axe des abscisses (x) correspondant à la deuxième année de chaque période. Par exemple, "2015" correspond aux chiffres estimatifs pour la période 2014-2016.
Sources: FAO et UNICEF/OMS/Banque mondiale.

considérables peuvent encore être réalisés par le biais de politiques des pouvoirs publics qui améliorent à la fois les disponibilités alimentaires et l'utilisation des aliments.

Asie du Sud-Est

L'Asie du Sud-Est est l'une des régions où les progrès vers la réalisation des sept premiers OMD ont été les plus rapides. C'est également vrai pour la cible de réduction de la faim, qu'il s'agisse de l'indicateur PoU ou de l'indicateur CU5. La prévalence de la sous-alimentation et l'insuffisance pondérale chez l'enfant dépassaient 30 pour cent au début de la période considérée (figure 11), mais la sous-alimentation a diminué plus rapidement tout au long des années 2000. Ce résultat serait conforme à l'idée que les interventions portant sur les conditions d'hygiène – entre autres l'amélioration des infrastructures d'adduction d'eau et d'évacuation des eaux usées – exigent en principe des investissements plus coûteux que celles qui visent à accroître la disponibilité des aliments. Le CU5 a fléchi rapidement dans la région mais dépasse encore 20 pour cent dans plus d'un pays. De rapides progrès ont été faits en ce qui concerne les conditions d'hygiène et 71 pour cent des habitants ont accès à des installations d'assainissement améliorées[23]. Les bonnes perspectives de croissance dans la région laissent donc entrevoir d'autres progrès, à condition de prévoir des interventions qui améliorent les régimes alimentaires des groupes pauvres de la population et assurent un accès élargi à de l'eau propre et aux réseaux d'assainissement.

■ Asie de l'Ouest

Pour l'Asie de l'Ouest, l'évolution de chaque indicateur est distincte. Alors que le PoU est en augmentation depuis le début des années 90 sous l'effet de l'instabilité politique qui règne dans plusieurs pays, le CU5 a poursuivi sa tendance à la baisse. Pratiquement partout, l'insuffisance pondérale chez l'enfant est faible, tandis que les rares données disponibles indiquent que les taux sont élevés au Yémen – nettement supérieurs à 20 pour cent – et, dans une moindre mesure, dans d'autres pays tels que l'Iraq et la Syrie, où les taux enregistrés pour les années 2000 avoisinaient 10 pour cent. Les conditions d'hygiène sont généralement satisfaisantes et plus de 90 pour cent de la population a accès à de l'eau propre tandis que 88 pour cent de la population a accès à des installations sanitaires améliorées. L'augmentation des taux de sous-alimentation, comme indiqué dans la section précédente, reflète des problèmes de nature politique et sociale ainsi que, dans un petit nombre de pays, la situation de guerre et de troubles civils, qui donne naissance à de vastes populations de migrants et de réfugiés (figure 12).

■ Amérique latine et Caraïbes

Pour l'ensemble de la région, les courbes des deux indicateurs de réduction de la faim ont convergé au fil du temps et de manière plus marquée à compter de 2000, avec l'accélération des progrès contre la prévalence de la sous-alimentation. L'indicateur PoU, estimé à 14,7 pour cent en 1990-1992, est tombé à 5,5 pour cent en 2014-2016, tandis que pendant la même période, l'indicateur CU5 est passé de sept pour cent à 2,7 pour cent (figure 13). Le CU5 est généralement bas, à de rares exceptions près. Parmi les sous-régions, l'Amérique centrale reste celle où les problèmes sont les plus aigus et pratiquement aucune amélioration n'a été observée pendant la période de suivi des OMD. Le PoU et le CU5 affichaient des taux voisins au début des années 90 (environ 11 pour cent de la population) et les deux indicateurs ont très peu progressé depuis. Ces derniers temps, des taux supérieurs à 10 pour cent ont été communiqués pour Haïti. Dans ce pays, le taux pour le CU5 a baissé depuis le début des années 90, époque à laquelle il dépassait 20 pour cent. Des valeurs relativement élevées, mais ne dépassant pas 15 pour cent, ont également été signalées au cours de ces dernières années pour le Guatemala, le Guyana et le Honduras.

L'amélioration des taux pour les deux indicateurs est due à la croissance économique, couplée à un engagement renforcé en faveur de la protection sociale, surtout au cours de cette dernière décennie. De nombreux pays ont assigné à l'éradication de la faim et de la malnutrition une priorité élevée dans leurs politiques. À l'échelle du continent, des engagements importants ont été pris. Le premier, en 2005, a été l'Initiative Amérique latine et Caraïbes libérées de la faim et ces engagements ont abouti, à travers une série d'autres initiatives, à la Déclaration de Santiago, promulguée par la Communauté des États d'Amérique latine et des Caraïbes en janvier 2013. Malgré les progrès, d'immenses défis

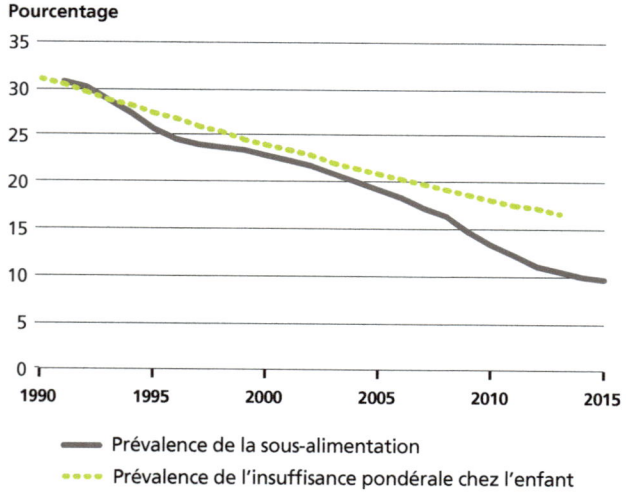

FIGURE 11

Asie du Sud-Est: Évolution de la prévalence de la sous-alimentation et de la prévalence de l'insuffisance pondérale chez l'enfant

Pourcentage

—— Prévalence de la sous-alimentation

····· Prévalence de l'insuffisance pondérale chez l'enfant

Note: La prévalence de la sous-alimentation est estimée d'après des moyennes sur trois années, les années indiquées sur l'axe des abscisses (x) correspondant à la deuxième année de chaque période. Par exemple, "2015" correspond aux chiffres estimatifs pour la période 2014-2016. *Sources:* FAO et UNICEF/OMS/Banque mondiale.

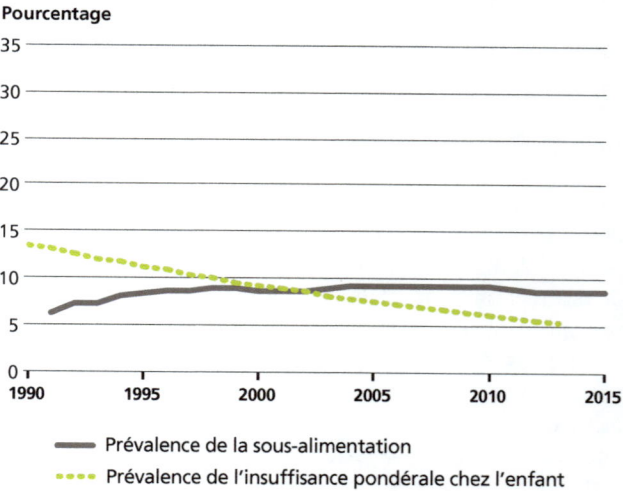

FIGURE 12

Asie de l'Ouest: Évolution de la prévalence de la sous-alimentation et de la prévalence de l'insuffisance pondérale chez l'enfant

Pourcentage

—— Prévalence de la sous-alimentation

····· Prévalence de l'insuffisance pondérale chez l'enfant

Note: La prévalence de la sous-alimentation est estimée d'après des moyennes sur trois années, les années indiquées sur l'axe des abscisses (x) correspondant à la deuxième année de chaque période. Par exemple, "2015" correspond aux chiffres estimatifs pour la période 2014-2016. *Sources:* FAO et UNICEF/OMS/Banque mondiale.

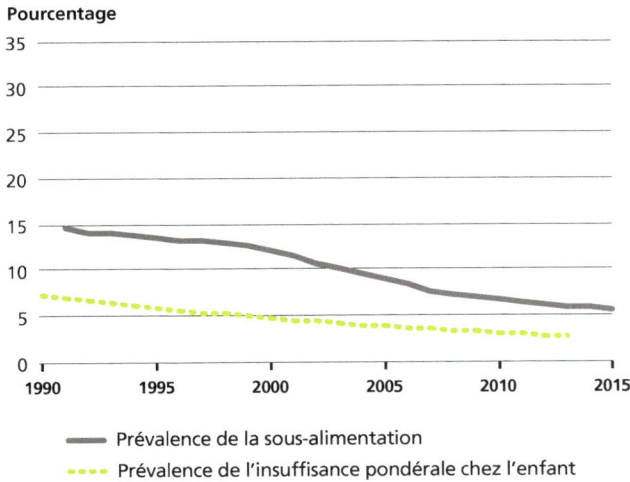

FIGURE 13

Amérique latine et Caraïbes: Évolution de la prévalence de la sous-alimentation et de la prévalence de l'insuffisance pondérale chez l'enfant

— Prévalence de la sous-alimentation
···· Prévalence de l'insuffisance pondérale chez l'enfant

Note: La prévalence de la sous-alimentation est estimée d'après des moyennes sur trois années, les années indiquées sur l'axe des abscisses (x) correspondant à la deuxième année de chaque période. Par exemple, "2015" correspond aux chiffres estimatifs pour la période 2014-2016. *Sources:* FAO et UNICEF/OMS/Banque mondiale.

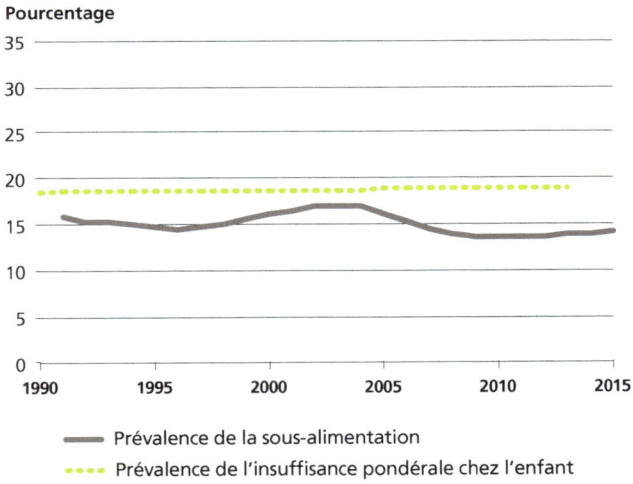

FIGURE 14

Océanie: Évolution de la prévalence de la sous-alimentation et de la prévalence de l'insuffisance pondérale chez l'enfant

— Prévalence de la sous-alimentation
···· Prévalence de l'insuffisance pondérale chez l'enfant

Note: La prévalence de la sous-alimentation est estimée d'après des moyennes sur trois années, les années indiquées sur l'axe des abscisses (x) correspondant à la deuxième année de chaque période. Par exemple, "2015" correspond aux chiffres estimatifs pour la période 2014-2016. *Sources:* FAO et UNICEF/OMS/Banque mondiale.

subsistent. Dans de nombreux pays, le problème de la surcharge pondérale et de l'obésité s'accentue, avec pour corollaire une incidence croissante des maladies non transmissibles.

■ Océanie

Cette région est caractérisée par des taux élevés d'insuffisance pondérale chez l'enfant. Aucun progrès n'ayant été fait au cours de ces 25 dernières années, le CU5 se rapproche aujourd'hui des taux qui prévalent dans de nombreuses parties de l'Afrique subsaharienne. L'amélioration en ce qui concerne le PoU est par ailleurs très lente (figure 14). Le comportement similaire des deux indicateurs suggère la présence de facteurs sous-jacents communs, en particulier des insuffisances du point de vue de la disponibilité de nourriture et de la diversité alimentaire. Dans nombre de petits États insulaires en développement de la région, la variété des nutriments disponibles et acquis est quelque peu limitée.

La lenteur des progrès concernant l'accès à l'eau potable et à des installations sanitaires améliorées a également eu un impact négatif sur la réduction de l'insécurité alimentaire. Seuls 55 pour cent des ménages de la région ont accès à l'eau potable, tandis que 35 pour cent ont accès à des installations sanitaires améliorées. D'après plusieurs indicateurs relatifs aux facteurs sous-jacents, la situation se serait même un peu détériorée. L'accès à l'eau potable a progressé de 12 pour cent à peine depuis le début des années 90 tandis que l'accès à des installations sanitaires améliorées a baissé d'environ un pour cent par an pendant la même période.

En outre, la région souffre d'un problème de malnutrition qui n'est pas bien reflété par le PoU et le CU5, à savoir la cohabitation de plus en plus diffuse de la dénutrition avec la suralimentation. L'«occidentalisation» des schémas de consommation alimentaire est un des facteurs qui a contribué à la suralimentation. En conséquence, la surcharge pondérale et l'obésité gagnent du terrain.

Principales conclusions

- Pour l'ensemble du monde, les indicateurs du premier OMD qui reflètent la prévalence de la sous-alimentation et l'insuffisance pondérale chez les enfants de moins de cinq ans ont pratiquement évolué en parallèle et fourni un message homogène en ce qui concerne la réalisation de l'objectif de réduction de la faim. Toutefois, des divergences notables ont émergé et souvent persisté au niveau régional. Elles tiennent le plus souvent au fait que l'amélioration des régimes alimentaires d'une part et l'accès à de meilleures conditions d'hygiène et à de l'eau propre d'autre part ne progressent pas au même rythme. Ces facteurs influent sur la façon dont les personnes parviennent à tirer parti des aliments qu'elles consomment pour bénéficier d'une bonne nutrition.

- L'insuffisance pondérale chez l'enfant devrait reculer moins rapidement que la sous-alimentation, car il faut généralement plus d'investissements et de temps pour améliorer les conditions d'hygiène, l'accès à de l'eau propre et la diversité des régimes alimentaires que pour augmenter la disponibilité de calories. C'est le cas pour l'Asie du Sud-Est, où la sous-alimentation a diminué plus rapidement que l'insuffisance pondérale chez l'enfant, en particulier tout au long des années 2000, ce qui indique qu'il est encore possible d'améliorer la qualité des régimes alimentaires, surtout en faveur des groupes les plus pauvres de la population. Une situation semblable règne en Afrique du Nord, où les régimes riches en hydrates de carbone limitent la sous-alimentation mais où des régimes alimentaires de mauvaise qualité et peu diversifiés ont entraîné des niveaux assez élevés de malnutrition infantile.

- Même si l'insuffisance pondérale y diminue rapidement, l'Asie du Sud-Est est la région en développement où les niveaux historiques de prévalence de l'insuffisance pondérale chez l'enfant sont les plus élevés. Des facteurs tels qu'un mauvais état de santé et des conditions d'hygiène inadéquates ont entravé les progrès qui permettraient d'améliorer globalement la sécurité alimentaire. Ces facteurs méritent sans doute une plus grande attention dans le cadre des efforts à entreprendre pour améliorer la sécurité alimentaire au niveau national.

- En Afrique subsaharienne, les progrès contre la sous-alimentation et l'insuffisance pondérale chez l'enfant ont été limités. Cette constatation suggère qu'avant d'escompter des progrès importants dans le domaine de la sécurité alimentaire, il convient d'affronter l'insécurité alimentaire dans toutes ses dimensions, en assurant notamment la disponibilité d'aliments de bonne qualité en quantité suffisante, l'accès à ces aliments, de meilleures conditions d'hygiène et l'accès à de l'eau propre.

Sécurité alimentaire et nutrition: les moteurs du changement

En 2000, les dirigeants mondiaux réunis à l'Assemblée générale des Nations Unies ont adopté la Déclaration du Millénaire. Plus tard, huit objectifs du Millénaire pour le développement (OMD) ont été énoncés. Le premier d'entre eux, qui était de réduire de moitié les taux de l'extrême pauvreté et de la faim, attestait une volonté internationale d'améliorer le sort de milliards de personnes.

Il reste environ six mois avant la fin de 2015, qui est l'échéance fixée pour la réalisation de la plupart des cibles des OMD, y compris la cible 1c de réduction de la faim, habituellement mesurée au moyen de l'indicateur de prévalence de la sous-alimentation (PoU). Comme le montre le présent rapport, depuis 1990-1992, plus de 216 millions de personnes ont été sauvées de la faim et à ce jour, 72 pays ont déjà réalisé la cible OMD 1c de réduction de la faim et, au moment de l'échéance, neuf autres seront à peine en-deçà de l'objectif. Parmi eux, 12 pays en développement présentaient déjà, en 1990-1992, des taux de sous-alimentation inférieurs à cinq pour cent. Entre temps, 29 pays ont réalisé l'objectif du Sommet mondial de l'alimentation de 1996, plus ambitieux, qui consistait à réduire de moitié le nombre des personnes souffrant de sous-alimentation chronique (tableaux 2 et 3, p. 13-14).

Progresser dans la réalisation des objectifs de sécurité alimentaire et de nutrition exige que des aliments de qualité soient disponibles en quantité suffisante et soient accessibles, en vue d'assurer de bons résultats nutritionnels. Une bonne nutrition contribue au développement humain; elle aide les individus à réaliser pleinement leur potentiel et à saisir les occasions qu'offre le processus du développement. Comme il ressort des précédentes éditions du présent rapport (2010, 2012 et 2014), une bonne gouvernance, la stabilité politique et l'état de droit, ainsi que l'absence de conflits et de troubles civils, de chocs d'origine climatique ou d'une trop grande instabilité des prix, sont des conditions bénéfiques pour toutes les dimensions de la sécurité alimentaire.

La présente section se penche sur un éventail de facteurs qui sont favorables à l'accomplissement des objectifs de sécurité alimentaire et de nutrition. La liste de ces facteurs – croissance économique, croissance de la productivité agricole, marchés (y compris le commerce international) et protection sociale – est loin d'être exhaustive. On verra également que dans les situations de crise prolongée, la réduction de la faim progresse plus lentement. L'analyse quantitative préliminaire réalisée à partir des données de la période 1992-2013 a permis de mieux cerner ces moteurs du changement et leur degré d'influence sur la réduction de la faim[24].

La croissance économique joue un rôle essentiel dans la lutte contre la faim – en devenant plus riches, les pays sont en effet moins exposés à l'insécurité alimentaire. Dans les économies en expansion rapide, les décideurs ont davantage de capacités et de moyens à consacrer à la sécurité alimentaire et à la nutrition. Mais il n'en est pas toujours ainsi. L'essor économique est une condition nécessaire au recul de la pauvreté et de la faim, surtout dans un contexte de croissance démographique, mais elle n'est pas suffisante. Ce qui compte, c'est la croissance *inclusive* – une croissance qui favorise un accès équitable aux aliments, aux avoirs et aux ressources, particulièrement pour les pauvres et les femmes, de manière à ce que les individus puissent réaliser tout leur potentiel[25].

Dans l'ensemble du monde en développement, la majorité des pauvres et la plupart des personnes sous-alimentées vivent dans les zones rurales, où l'agriculture familiale et la petite agriculture sont le mode d'organisation rurale qui prévaut, même si ce schéma n'est pas universel. La capacité qu'ont l'agriculture familiale et la petite agriculture de stimuler la croissance par des augmentations de productivité varie considérablement, mais elles jouent un rôle essentiel dans la réduction de la pauvreté et de la faim. La croissance dans le secteur de l'agriculture familiale et de la petite agriculture, sous l'effet d'une augmentation de la productivité du travail et de la terre, a eu des répercussions très positives sur les moyens d'existence des pauvres grâce à une amélioration de leurs disponibilités alimentaires et leurs revenus.

Les liens entre la sécurité alimentaire et le commerce international sont complexes et spécifiques au contexte. Les politiques qui touchent aux exportations et aux importations alimentaires jouent sur les niveaux des prix, des salaires et des revenus dans le marché national et conditionnent par conséquent l'accès des pauvres à la nourriture. Le commerce n'est en soi ni une menace ni une panacée du point de vue de la sécurité alimentaire et, dans ce domaine, il faudrait

soigneusement peser les possibilités et les risques qui sont associés à l'ouverture des échanges et mettre en œuvre un ensemble plus complet d'instruments de politique générale.

Les systèmes de protection sociale sont devenus un outil important dans la lutte contre la faim. Plus de cent pays ont mis en œuvre des programmes de transfert d'espèces conditionnels et non conditionnels, conçus principalement pour promouvoir la sécurité alimentaire et la nutrition, la santé et l'éducation, en particulier au bénéfice des enfants. Les programmes de distribution d'aliments et les programmes de garantie de l'emploi sont également importants. L'expansion de la protection sociale dans les régions du monde en développement a été essentielle pour progresser vers la réalisation de la cible OMD 1c de réduction de la faim. Les transferts réguliers et prévisibles d'espèces aux ménages pauvres contribuent souvent de manière cruciale à combler des pénuries ponctuelles d'aliments mais peuvent aussi améliorer les conditions de vie et les moyens d'existence des pauvres par l'aplanissement des difficultés qui limitent leur capacité productive. Combiner la protection sociale et des mesures complémentaires en matière de développement agricole,

comme le programme Acheter aux Africains pour l'Afrique, qui relie les agriculteurs familiaux et les petits exploitants aux programmes de cantines scolaires, peut optimiser l'impact de ces programmes en termes de réduction de la pauvreté.

En 1990, 12 pays seulement en Afrique étaient aux prises avec des crises alimentaires, dont quatre seulement en situation de crise prolongée[26]. À peine 20 ans plus tard, 24 pays au total traversaient des crises alimentaires et pour 19 d'entre eux, la crise avait sévi pendant au moins huit ans sur les 10 précédentes années. L'insécurité alimentaire peut être à la fois une cause et un effet des crises prolongées et jouer un rôle déterminant dans l'apparition de conflits ou de troubles civils. L'insécurité alimentaire compte parmi les facteurs qui peuvent déclencher ou aggraver un conflit, un cas de figure qui est de plus en plus à l'origine des situations de crises prolongées. Les répercussions d'un conflit sur la sécurité alimentaire de la population peuvent être plus dramatiques que l'impact de la guerre elle-même et les pertes de vies humaines causées par l'insécurité alimentaire et la famine en cas de conflit peut dépasser de loin la mortalité directement due à la violence[27].

La croissance économique et les progrès accomplis dans la réalisation des objectifs de sécurité alimentaire et de nutrition

La croissance économique est nécessaire pour lutter contre la pauvreté et réduire la faim et la malnutrition; elle est essentielle pour stimuler durablement l'emploi et les revenus, surtout dans les pays à faible revenu. Depuis le début des années 90 et jusqu'en 2013 (donc la plus grande partie de la période de suivi des OMD), la production mondiale par habitant a augmenté en moyenne de 1,3 pour cent par an. L'essor des économies des pays à faible revenu et des pays à revenu intermédiaire – notamment de l'ensemble des pays en développement – s'est accéléré, augmentant de 3,4 pour cent par an. Ces chiffres masquent toutefois d'importants écarts de performance entre régions et d'un pays à l'autre en ce qui concerne la croissance économique.

La relation entre la croissance économique et la faim est complexe. Les progrès de la croissance économique améliorent les revenus des ménages car ils s'accompagnent d'une plus forte demande de main-d'œuvre qui se traduit par une augmentation des salaires, de meilleures possibilités d'emploi ou les deux à la fois. Dans une économie en expansion, un plus grand nombre des membres du ménage trouvent du travail et se procurent un revenu, ce qui est indispensable au progrès de

la sécurité alimentaire et de la nutrition. Il s'ensuit un cercle vertueux par lequel l'amélioration de la nutrition renforce les capacités et la productivité humaines et entraîne de meilleures performances économiques. Toutefois, la question est de savoir s'il sera donné aux personnes qui vivent dans l'extrême pauvreté et qui sont les plus touchées par la faim de participer aux avantages de la croissance et, dans l'affirmative, si elles auront la possibilité d'en tirer parti.

En moyenne, et dans l'ensemble du monde en développement, la croissance économique a entraîné depuis 1990-1992 une réduction importante et persistante de la faim. Cette évolution est manifeste lorsqu'on rapproche le tracé du PIB par habitant et la courbe de l'indicateur PoU (figure 15). Chez les pauvres, l'augmentation des revenus est accompagnée d'une augmentation de l'apport énergétique alimentaire et de l'apport d'autres nutriments. Mais à long terme, au fur et à mesure que les économies se développent et que les pays deviennent plus riches, cette relation faiblit – les accroissements du PIB parviennent à faire sortir un nombre relativement moins élevé de personnes de la pauvreté (dans la figure 15, la ligne reflétant la relation entre la croissance

Croissance économique et prévalence de la sous-alimentation, 1992, 2000 et 2010

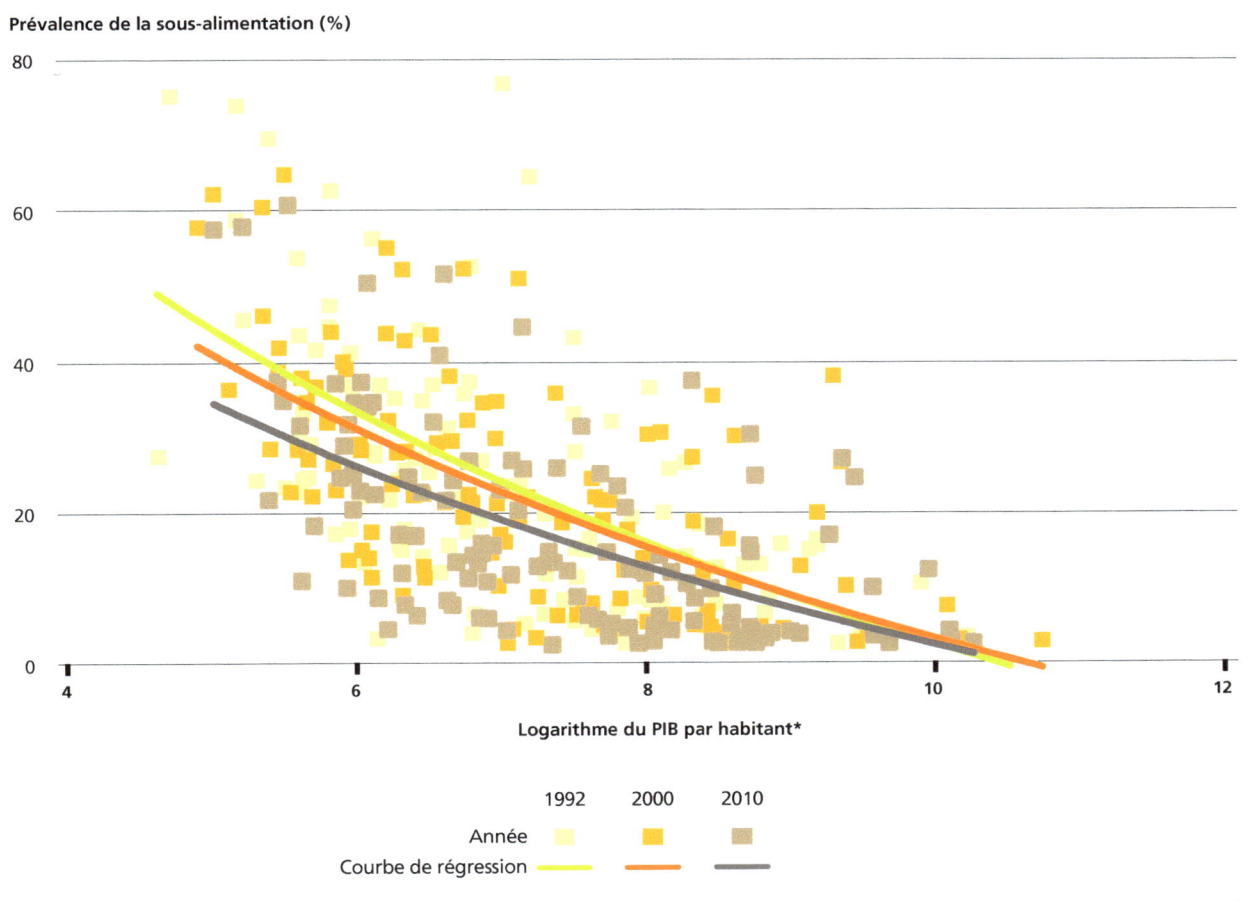

*Exprimée en dollars É.-U. constants de 2005.
Sources: FAO et Banque mondiale.

économique et le PoU grimpait plus vite en 1992 qu'en 2010). Parmi les premiers succès relatés au Ghana, pays qui a connu des taux de croissance annuelle de plus de 3 pour cent et une réduction impressionnante des taux de sous-alimentation, le PoU est passé de 47 pour cent en 1990-1992 à moins de cinq pour cent en 2012-2014 (encadré 1, p. 31).

Dans plusieurs cas, les effets positifs de la croissance économique sur la sécurité alimentaire et la nutrition sont liés à une plus grande participation des femmes à la force de travail. Au Brésil, par exemple, celle-ci est partie de 45 pour cent en 1990-1994 pour atteindre 60 pour cent en 2013. Au Costa Rica, la proportion des travailleuses a augmenté de 23 pour cent entre 2000 et 2008. Les femmes dépensent davantage pour l'alimentation et la nutrition, mais aussi pour la santé, l'assainissement et l'éducation, comparativement aux situations où le financement de ces dépenses est contrôlé par les hommes[28].

Mais les pays qui ont connu une forte croissance économique n'ont pas tous eu de bonnes performances du point de vue de la réduction de la faim. Certains pays ont progressé de manière satisfaisante vers la réalisation des objectifs internationaux de réduction de la faim, tandis que d'autres ont souffert des retards. En général, les progrès visant à transformer la croissance économique en améliorations sur le plan de la sécurité alimentaire ont été irréguliers.

■ La croissance économique inclusive et la réduction de la pauvreté

De manière générale, les progrès réalisés pour réduire la pauvreté ont été plus rapides que les progrès pour combattre contre la faim. Cela tient au fait que les sous-alimentés sont les plus pauvres d'entre les pauvres; leur accès aux avoirs physiques et financiers est limité ou nul, ils n'ont pas ou peu d'éducation et ont souvent une mauvaise santé. Les ménages agricoles n'ont pas accès, en quantité suffisante, à des ressources de qualité, qu'il s'agisse de la terre ou d'autres

ressources naturelles, ni à des activités rémunératrices (travail indépendant, travail salarié). En même temps, la faim instaure un piège dont les gens ne peuvent s'échapper facilement. La faim et la sous-alimentation sont synonymes d'individus moins productifs, plus sujets à la maladie et, par conséquent, souvent incapables de gagner plus et d'améliorer leurs moyens d'existence. Le processus de réduction de la pauvreté extrême et de lutte contre la faim est ainsi entravé, d'autant plus que le principal avoir des pauvres est le travail.

Les modes de croissance ne sont pas tous efficaces pour réduire la faim et la malnutrition. Les personnes qui sont très pauvres ne peuvent pas participer aux processus de croissance qui demandent du capital ou ne créent des emplois que pour les plus instruits et les plus qualifiés. Par exemple, la croissance économique fondée sur un mode d'exploitation des ressources à forte intensité de capital, comme l'extraction minière ou pétrolière, aura probablement des retombées nulles ou minimes sur les pauvres. Plus les inégalités sont marquées en ce qui concerne la répartition des avoirs – terre, eau, capital, éducation et santé, entre autres – plus il est difficile pour les pauvres d'améliorer leur condition et plus les progrès en matière de réduction de la pauvreté sont lents[29].

La croissance économique inclusive favorise l'augmentation des revenus des pauvres. Lorsque l'augmentation des revenus est plus rapide que le taux de croissance de l'économie, la répartition des revenus s'améliore. Ce qui compte vraiment, aux fins de la sécurité alimentaire, c'est que la croissance économique atteigne les personnes qui vivent dans l'extrême pauvreté, celles qui sont classées dans le dernier quintile de l'échelle de répartition des revenus. Les trois quarts environ des pauvres du monde vivent dans les zones rurales et la proportion est encore plus élevée dans les pays à faible revenu[30]. Dans la plupart des régions en développement, le secteur agricole est celui où le risque de pauvreté au travail (les travailleurs qui vivent avec moins de 1,25 dollar des États-Unis par jour) est le plus élevé – huit sur dix environ des travailleurs touchés par la pauvreté au travail ont des emplois vulnérables dans l'économie informelle, particulièrement dans l'agriculture[31].

L'agriculture est capable à elle seule d'amorcer la croissance dans les pays où elle représente une forte part du PIB. Mais même si d'autres secteurs de l'économie, tels que l'extraction minière ou les services, devaient connaître un essor, l'agriculture n'en reste pas moins un point d'entrée privilégié pour faire participer les pauvres au processus de croissance. Les faits suggèrent que dans les pays à faible revenu, la croissance agricole est trois fois plus efficace pour réduire la pauvreté extrême que celle touchant d'autres secteurs. En Afrique subsaharienne, la croissance agricole peut être 11 fois plus efficace que la croissance des secteurs non agricoles pour lutter contre la pauvreté[32]. Les investissements et les politiques qui visent à stimuler la productivité du travail dans l'agriculture entraînent un accroissement des revenus ruraux. Les pays qui ont investi dans leur secteur agricole – et plus particulièrement en faveur d'une meilleure productivité de la petite agriculture et de l'agriculture familiale – ont accompli des progrès importants dans la réalisation de la cible OMD 1c de réduction de la faim (encadrés 1 et 2, p. 31-32).

Dans les économies fortement tributaires de l'agriculture, la prise en compte des questions de parité hommes-femmes est d'une importance cruciale pour assurer la croissance économique. Les femmes jouent un rôle important dans la production, la gestion des ressources productives et la génération de revenus. Elles sont aussi les principales prestataires de soins gratuits au sein des ménages et des communautés en milieu rural. Toutefois, malgré des décennies d'efforts pour lutter contre les inégalités entre les sexes, de nombreuses femmes rurales sont toujours confrontées à des restrictions fondées sur le sexe qui les empêchent de contribuer pleinement à la croissance et de tirer parti des possibilités découlant de la transformation des économies nationales. Ces facteurs ont des conséquences graves sur le bien-être – non seulement des femmes, mais aussi de leur famille et de la société en général – et expliquent en grande partie les performances économiques inférieures du secteur agricole dans les pays qui sont plus pauvres[33]. L'argument entendu parfois, selon lequel la croissance économique mène inévitablement à l'égalité entre les sexes, s'appuie sur des éléments empiriques peu consistants. Il semble que la clé réside plutôt dans des politiques et des stratégies visant à mettre en place des marchés ouverts à tous et à réduire la pauvreté[34].

Les solutions fondées sur l'agriculture doivent être complétées par des interventions qui stimulent le potentiel productif des espaces ruraux. Par ailleurs, le soutien direct aux moyens d'existence des ruraux par le biais de programmes de protection sociale apporte un secours immédiat aux plus vulnérables. Ces programmes ont également des avantages à long terme car ils permettent une vaste participation des pauvres au processus de croissance à travers un accès amélioré à l'éducation, à la santé et à une nutrition adéquate, autant de facteurs qui élargissent le potentiel humain et le renforcent.

La protection sociale peut enclencher un cercle vertueux de progrès englobant les pauvres, avec à la clé des améliorations du point de vue des revenus, de l'emploi et des salaires. Par exemple, le programme Faim zéro et le programme *Bolsa Família* au Brésil ont joué un rôle crucial dans l'instauration d'une croissance inclusive dans le pays. *Bolsa Família* a atteint près d'un quart de la population nationale, surtout des femmes, et remis plus de 100 dollars É.-U. par mois aux familles bénéficiaires, à la condition que leurs enfants soient scolarisés[35]. Avec une croissance de trois pour cent par an depuis 2000, l'économie brésilienne engendre des recettes publiques suffisantes pour soutenir ces programmes, qui ont considérablement réduit les inégalités de revenus. Entre 2000 et 2012, les revenus moyens du quintile le plus pauvre de la population ont augmenté trois fois plus vite que ceux des 20 pour cent les plus riches[36].

Ghana: La croissance économique accompagnée d'une amélioration de la sécurité alimentaire et de la nutrition

Depuis 1990-1992, le Ghana a affiché des taux élevés de croissance économique par habitant, soit 3,3 pour cent en moyenne. En même temps, la proportion de la population vivant dans l'extrême pauvreté est passée de 51 pour cent en 1991 à 29 pour cent en 2005 et des évaluations fiables suggèrent que cette tendance se poursuit. La prévalence de la sous-alimentation – la proportion de la population souffrant de faim chronique – est passée de 47,3 pour cent en 1990-1992 à moins de cinq pour cent en 2012-2014.

L'agriculture a beaucoup contribué à la croissance du pays. En même temps que l'augmentation de la production de cacao, l'ensemble de la production alimentaire nationale a connu un accroissement important sous l'effet de politiques et de réformes institutionnelles ainsi que d'investissements réalisés dans le cadre du Programme de développement agricole à moyen terme 1991-2000[1].

Mais la libéralisation du commerce a également contribué au remplacement de certaines denrées de base de production locale et à l'utilisation de produits importés pour la transformation, ce qui a eu des répercussions sur l'emploi. Par ailleurs, un développement inégal entre les divers groupes de population ou les diverses régions, comme dans le nord du pays, a creusé les inégalités de revenus et le coefficient indicateur d'inégalité des sexes est passé de 38 à près de 43 en 2005. Ce défi a été compensé dans une certaine mesure par l'établissement de mécanismes efficaces de filets de sécurité et de protection sociale dans le cadre des

stratégies de réduction de la pauvreté et de la Stratégie nationale de protection sociale. Le développement des mécanismes de protection a été sous-tendu par l'élargissement de la base d'imposition. Grace à une croissance économique rapide, celle-ci est passée de 12 à 24 pour cent en 15 ans seulement, entre 1990 et 2004, doublant ainsi le montant des recettes publiques.

La Stratégie nationale de protection sociale accorde la priorité aux femmes vulnérables du monde agricole, qui ont un faible niveau d'instruction et peu d'accès au crédit, tout en s'employant à l'autonomisation d'autres groupes défavorisés. D'autres programmes, tels que le programme Livelihood Empowerment Against Poverty (LEAP), qui assure des transferts en espèces aux personnes handicapées pauvres, ont également contribué à la réduction de la pauvreté. Actuellement, l'action du gouvernement consiste, avec l'appui de la communauté internationale, à développer les ressources humaines par un investissement accru en faveur du secteur de l'éducation et le développement des infrastructures nécessaires pour stimuler davantage la croissance[2].

---

[1] S. Asuming-Brempong. 2003. *Policy Module Ghana: economic and agricultural policy reforms and their effects on the role of agriculture in Ghana*. Document élaboré à l'occasion de la Conférence internationale sur les rôles de l'agriculture, Rome (20-22 octobre 2003). Rome, FAO.
[2] S.M. Sultan et T. Schrofer. 2008. *Building support to have targeted social protection interventions for the poorest: the case of Ghana*. Document présenté lors de la conférence Social Protection for the Poorest in Africa: Learning from Experience, Kampala, Ouganda, 8-10 septembre 2008.

PIB par habitant et prévalence de la sous-alimentation, Ghana, 1992–2013

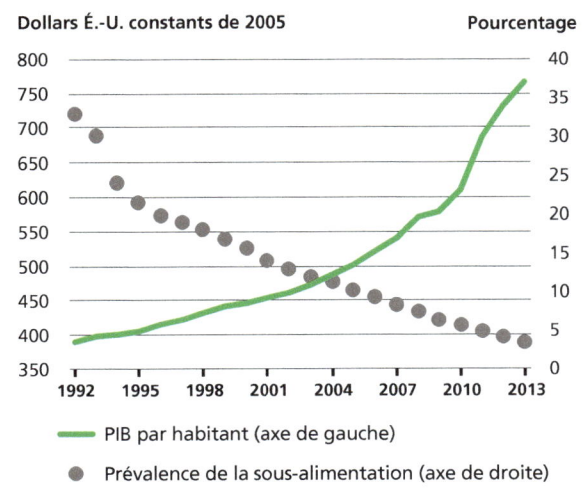

Sources: FAO et Banque mondiale.

Indice de la production alimentaire, Ghana, 1992–2012

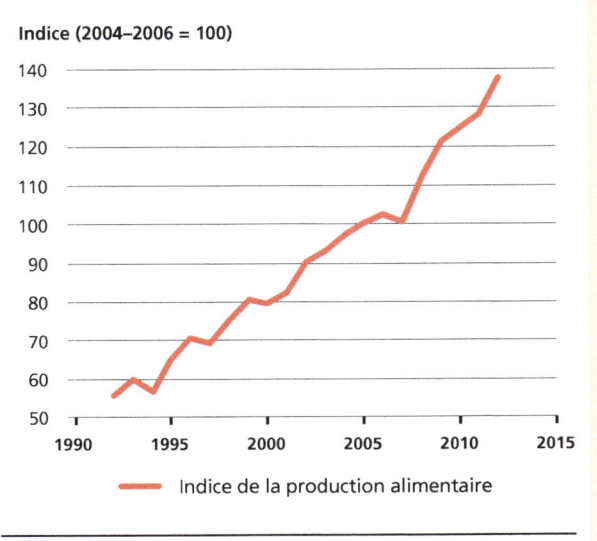

Sources: FAO et Banque mondiale.

ENCADRÉ **2**

République-Unie de Tanzanie: croissance économique et agricole sans amélioration de la sécurité alimentaire et de la nutrition

Depuis le début des années 90, la croissance annuelle moyenne du PIB de la République-Unie de Tanzanie, soit 2,3 pour cent, a été principalement causée par l'essor de l'industrie et des services. L'agriculture a également connu une expansion mais celle-ci a été plus lente. Entre 1992 et 2013, la croissance annuelle de la productivité du travail agricole – mesurée en fonction de la valeur ajoutée par habitant – a été en moyenne de 1,6 pour cent, tandis que la part de l'agriculture dans le PIB est passée de près de 50 pour cent à 26 pour cent.

Pendant la même période, la prévalence de la sous-alimentation dans le pays a augmenté – de 24,2 pour cent en 1990-1992 à 34,6 pour cent en 2012-2014 – et le nombre des personnes sous-alimentées est passé de 6,4 à 17 millions. Ce n'est qu'aux alentours de 2004 que la prévalence de la sous-alimentation donne les premiers signes encourageants d'un renversement de tendance. La pauvreté reste élevée, bien que la proportion de la population vivant dans l'extrême pauvreté soit passée de 72 pour cent à 44 pour cent entre 1992 et 2012.

Le décalage entre la croissance d'une part et la pauvreté et l'insécurité alimentaire d'autre part est largement imputable aux politiques de libéralisation du commerce et aux efforts de privatisation, qui n'ont été accompagnés d'aucune politique efficace en vue de moderniser l'agriculture et d'inclure les pauvres et ceux qui souffrent d'insécurité alimentaire dans la redistribution des gains issus de la croissance des années 90. Cet écart semble dû en partie aux faibles investissements dans le secteur agricole, où prédominent les petits agriculteurs de subsistance qui n'ont pas facilement accès aux marchés locaux et internationaux. En outre, la faim et une mauvaise nutrition ont limité la capacité productive de la force de travail[1].

Bien que les réformes des marchés aient accru le rôle du secteur privé dans la promotion des investissements, des changements sont encore nécessaires en matière de gouvernance. Le Centre d'investissement tanzanien, créé en 2000, a contribué à une meilleure croissance mais son action devrait être soutenue par un cadre réglementaire renforcé susceptible d'encourager concrètement les investissements. En outre, le pays est encore dépourvu des infrastructures requises pour un développement économique à base élargie. La sécurité de jouissance de la terre pose encore des problèmes importants, non seulement pour les exploitants agricoles mais aussi pour les investisseurs nationaux et étrangers[2].

Les politiques de protection sociale sont une longue tradition en République-Unie de Tanzanie. Elles ont réussi à fournir une aide aux revenus, aussi bien transversale que réservée à des groupes spécifiques, et à protéger les pauvres et les personnes vulnérables contre les conséquences de chocs[3]. Cependant, l'efficacité de ces programmes dans la perspective d'une réduction de la pauvreté et de la faim est diminuée par le fait que leur couverture n'est pas assez large et qu'ils souffrent d'erreurs de ciblage. Pour favoriser la réduction de la pauvreté et les améliorations dans le domaine de la sécurité alimentaire et de la nutrition, il faudra poursuivre l'élargissement des mécanismes de protection sociale.

Productivité agricole, PIB par habitant et prévalence de la sous-alimentation, République-Unie de Tanzanie, 1992–2013

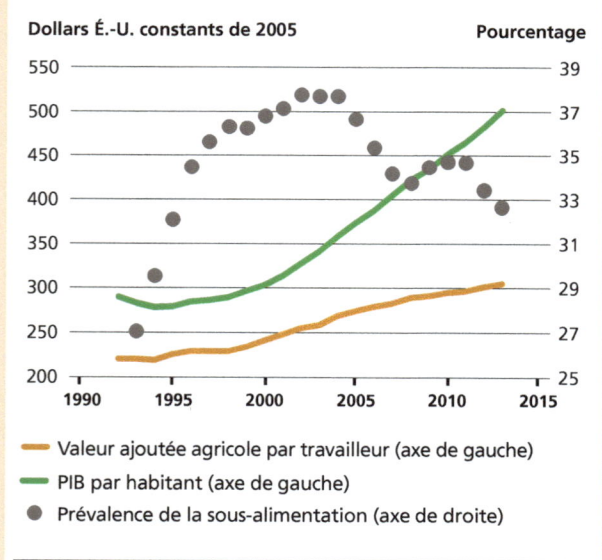

Valeur ajoutée agricole par travailleur (axe de gauche)

PIB par habitant (axe de gauche)

Prévalence de la sous-alimentation (axe de droite)

Sources: FAO et Banque mondiale.

---

[1] République-Unie de Tanzanie, 2011. Tanzania Agriculture and Food Security Investment Plan (TAFSIP) 2011-2012 to 2020-2021.
[2] OCDE. 2013. Overview of progress and policy challenges in Tanzania. Dans *OECD Investment Policy Reviews: Tanzania 2013*, p. 23-54. Paris, Éditions OCDE.
[3] F. Lerisse, D. Mmari et M. Baruani. 2003. *Vulnerability and social protection programmes in Tanzania.* Study on Social Protection Programmes on Vulnerability for the Research and Analysis Working Group.

La contribution de l'agriculture familiale et de la petite agriculture à la sécurité alimentaire et la nutrition

Plus de 90 pour cent des 570 millions d'exploitations agricoles à travers le monde sont gérées par un individu ou une famille et la main-d'œuvre y est principalement familiale. Ces exploitations représentent plus de 80 pour cent de la valeur de la production alimentaire mondiale. Dans le monde, 84 pour cent des exploitations familiales sont inférieures à deux hectares et elles ne gèrent que 12 pour cent de la totalité des terres agricoles. En règle générale, les petites exploitations ont de meilleurs rendements que les fermes de plus grande taille, mais la productivité du travail y est moindre et la plupart des petits agriculteurs familiaux sont pauvres et souffrent d'insécurité alimentaire[37]. La durabilité et la sécurité alimentaire future de ces exploitations risquent d'être compromises par une utilisation intensive des ressources. Pour assurer la sécurité alimentaire, il faut des politiques publiques qui reconnaissent la diversité et la complexité des défis auxquels sont confrontées les exploitations familiales, et ce tout au long de la chaîne de valeur.

Une productivité améliorée des ressources agricoles qui mise sur une intensification durable est déterminante pour accroître les disponibilités alimentaires et améliorer la sécurité alimentaire des ménages et leur nutrition. L'accroissement de la productivité agricole et de la disponibilité d'aliments enregistré au niveau mondial a contribué de manière significative à faire reculer la sous-alimentation. L'augmentation de la productivité du travail dans le secteur agricole est généralement associée à un recul de la sous-alimentation.

Les politiques publiques devraient fournir des incitations pour l'adoption de pratiques et de techniques d'intensification durable de la production agricole – gestion durable de la terre, conservation des sols, gestion de l'eau améliorée, systèmes agricoles et agroforestiers diversifiés – le but étant d'obtenir davantage de produits, à surface égale, et de réduire les impacts nuisibles à l'environnement. D'autres techniques plus classiques d'amélioration des rendements, telles que l'utilisation de semences améliorées et d'engrais minéraux, sont également d'une grande utilité, surtout lorsqu'elles sont combinées aux précédentes dans la perspective d'une utilisation optimale de tous ces intrants.

FIGURE **16**

Productivité de la main-d'œuvre agricole et prévalence de la sous-alimentation, par pays, 2010

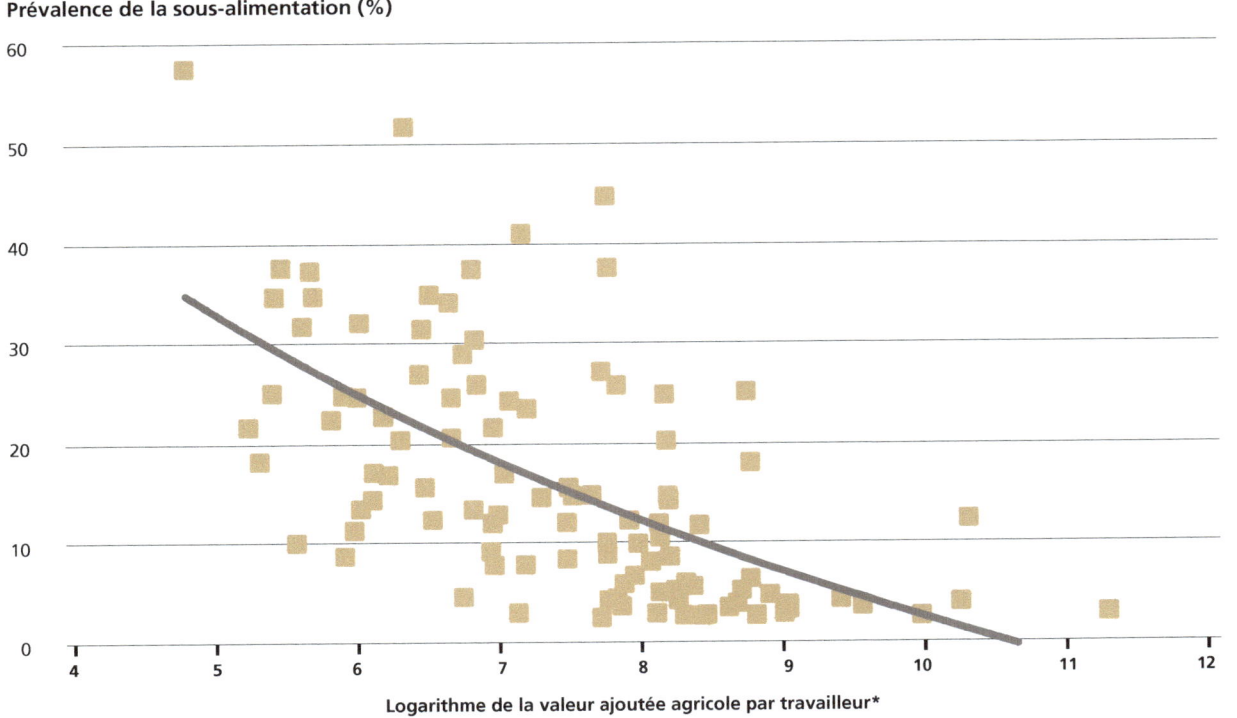

Prévalence de la sous-alimentation (%)

Logarithme de la valeur ajoutée agricole par travailleur*

*Exprimé en dollars É.-U. constants de 2005.
Sources: FAO et Banque mondiale.

Lorsque la productivité augmente, les agriculteurs produisent davantage d'aliments, deviennent plus compétitifs et bénéficient d'un surcroît de revenus. La croissance de la productivité dans les petites exploitations familiales contribue à une croissance plus inclusive non seulement par la diminution des prix des denrées de bases mais aussi par un accès amélioré aux aliments. Couplées à un bon fonctionnement des marchés, ces augmentations de productivité font monter la demande de main-d'œuvre dans les zones rurales, et se traduisent par la création d'emplois pour les pauvres et l'élévation des taux salariaux de la main-d'œuvre non qualifiée. Les membres des ménages ruraux diversifient leurs sources de revenu grâce à des emplois non agricoles mieux rémunérés, ce qui favorise le recul de la pauvreté et de la faim.

En dépit des progrès d'ensemble, de fortes disparités persistent entre les régions. Au début des années 90, la valeur ajoutée moyenne par travailleur la plus faible, dans le secteur agricole, appartenait à l'Afrique subsaharienne – avec 700 dollars É.-U. environ aux prix de 2005 – alors que dans d'autres régions, telles que l'Asie de l'Est et l'Amérique latine, elle atteignait 4 600 et 4 400 dollars É.-U. respectivement. En 2010-2013, la valeur ajoutée moyenne par travailleur dans l'agriculture en Afrique subsaharienne se chiffrait à 1 199 dollars É.-U., tandis qu'en Asie de l'Est et en Amérique latine, elle avait atteint 15 300 et 6 000 dollars É.-U. respectivement. Les gains en matière de productivité du travail ont également été plus lents en Afrique subsaharienne, ainsi que les progrès contre la prévalence de la sous-alimentation, dont les taux demeurent systématiquement plus élevés que dans les autres régions.

Des éléments concrets suggèrent que les gains de productivité agricole ont aidé les pays à réduire la sous-alimentation. Par exemple, sur la période allant de 1990-1992 à 2012-2014, en Afrique subsaharienne, où prédominent les petites exploitations familiales, les pays qui progressent peu dans la réalisation de la cible OMD 1c de réduction de la faim – Botswana, Côte d'Ivoire, Libéria, Namibie, Ouganda, République-Unie de Tanzanie, Swaziland et Zambie – ont enregistré des gains moyens de la valeur ajoutée agricole par travailleur de 25 pour cent seulement. Ces gains étaient considérablement plus bas que ceux des pays ayant déjà atteint la cible de réduction de la faim, à savoir l'Angola, le Bénin, l'Éthiopie, le Gabon, le Ghana et le Mali. En moyenne, la productivité du travail agricole dans ces derniers a augmenté de 69 pour cent entre 1990-1992 et 2012-2014. Pendant la même période, dans les pays d'Afrique subsaharienne qui ont fait des progrès dans la réalisation de la cible 1c des OMD mais ne l'ont pas encore atteinte, la valeur ajoutée agricole moyenne par travailleur a augmenté de 42 pour cent.

On observe des schémas similaires lorsque la productivité agricole est mesurée en fonction d'un paramètre plus classique, qui est la production à l'hectare. Des écarts de rendement importants – représentés par la différence entre les rendements effectifs des agriculteurs et les rendements potentiels permis par les nouvelles variétés lorsqu'elles sont utilisées dans des conditions optimales – persistent aujourd'hui, particulièrement en Afrique subsaharienne. Ces écarts de rendement reflètent surtout le fait que les intrants ne sont pas utilisés de façon optimale et que l'adoption des techniques les plus productives n'est pas assez répandue. Au Mali (pays qui a atteint la cible 1c des OMD), par exemple, l'écart de rendement pour le maïs pluvial entre 2008 et 2010 était de 75 pour cent, chiffre considérable mais plus faible qu'en Ouganda (83 pour cent) et en République-Unie de Tanzanie (88 pour cent), ce qui semble indiquer un lien entre la productivité agricole et les progrès réalisés dans le domaine de la sécurité alimentaire[38].

Ces dernières années, dans de nombreux pays d'Afrique subsaharienne, la croissance agricole a reposé davantage sur une utilisation plus extensive de la terre et sur la réaffectation de facteurs favorisant la production qui ne visaient pas nécessairement l'approvisionnement des marchés locaux et la réduction de l'insécurité alimentaire, que sur des politiques publiques visant à élargir l'accès au crédit et à l'assurance agricoles, aux services consultatifs et à des technologies durables.

Parmi les autres facteurs qui compromettent les gains de productivité agricole et la création de revenus stables pour les agriculteurs familiaux, il convient de citer les chocs d'origine climatique, la faiblesse des infrastructures de transport, d'entreposage et de communication, ainsi que l'absence de marchés ou leur mauvais fonctionnement. Ces défaillances sont dues en grande partie à la faiblesse des institutions et à des politiques publiques inadéquates dans le domaine agricole et rural.

Pour favoriser la réalisation des objectifs de sécurité alimentaire et de nutrition, il est important de compter sur des marchés inclusifs ouverts aux petits exploitants et aux agriculteurs familiaux. Les marchés facilitent les flux de denrées alimentaires des zones excédentaires vers les zones déficitaires, assurant ainsi la disponibilité d'aliments; mais ce n'est pas tout. À travers les prix, ils transmettent des signaux aux agriculteurs sur la nécessité d'ajuster leur production ou leurs achats d'intrants[39]. Il est essentiel que les marchés soient performants et encouragent la stabilité et la prévisibilité des prix. Pour une proportion importante d'agriculteurs, les marchés sont une source de revenus en espèces, tandis que bon nombre d'agriculteurs familiaux sont acheteurs nets d'aliments et dépendent du marché pour satisfaire une grande partie de leurs besoins alimentaires. La productivité et l'accès aux marchés des petits exploitants et des agriculteurs familiaux sont liés et contribuent à la disponibilité d'aliments et à l'accès aux aliments. Améliorer l'accès aux marchés et aux possibilités qui en découlent peut aussi donner un élan à la productivité.

Les achats locaux effectués par l'administration publique à divers échelons (local, régional et national) sont un moyen d'élargir l'accès des agriculteurs familiaux aux marchés. Les programmes d'achats publics peuvent non seulement assurer la

sécurité alimentaire des populations vulnérables ainsi que des revenus aux petits exploitants et aux agriculteurs familiaux, mais aussi développer l'action collective qui permet de renforcer leurs capacités et leur efficacité dans le domaine de la commercialisation.

Pour améliorer plus rapidement l'accès des pauvres aux aliments, les régions qui sont à la traîne, en particulier l'Afrique subsaharienne, seront de plus en plus amenées à transformer leurs politiques agricoles en vue d'obtenir une amélioration

significative de la productivité agricole et d'accroître les approvisionnements alimentaires issus de l'agriculture familiale. L'importance accordée au secteur de l'agriculture familiale et de la petite agriculture est bien reflétée dans le Programme détaillé pour le développement de l'agriculture africaine (PDDAA), qui fixe un objectif de croissance agricole de six pour cent par an. Les impacts attendus de cette décision sont principalement l'amélioration de la sécurité alimentaire, la réduction de la pauvreté et le développement de l'emploi.

Le commerce international et ses liens avec la sécurité alimentaire

Le commerce international et les politiques commerciales influent sur les disponibilités et les prix, qu'il s'agisse de biens ou de facteurs de production tels que la main-d'œuvre, une influence qui a des répercussions sur l'accès aux aliments. Le commerce international peut aussi conditionner à divers égards la structure des marchés, la productivité, l'utilisation des ressources en termes de durabilité, la nutrition et le sort de divers groupes de la population. Évaluer son impact sur la sécurité alimentaire est donc un exercice complexe. Par exemple, le fait d'interdire les exportations céréalières peut à court terme stimuler l'offre intérieure et réduire les prix. Cette pratique avantage les consommateurs, mais pénalise les agriculteurs qui produisent pour l'exportation. Les restrictions à l'importation ou à l'exportation ont un impact sur les approvisionnements dans le monde et exacerbent l'instabilité des prix à l'échelle mondiale. Le fait de réduire les droits d'importation entraîne une diminution des prix alimentaires à la consommation mais risque d'entamer les revenus des agriculteurs qui concurrencent les produits importés et de nuire à leur sécurité alimentaire. Dans le tableau 5 (p. 36), la relation complexe entre commerce et sécurité alimentaire est illustrée par l'énumération des effets positifs ou négatifs que peut avoir le commerce sur les différentes dimensions de la sécurité alimentaire. Dans la pratique, les dysfonctionnements des marchés infranationaux compliquent la question puisque la transmission des variations des cours mondiaux vers ces marchés ne se fait pas.

■ Enseignements tirés des réformes touchant aux politiques commerciales

En général, les politiques prônant une ouverture de l'économie aux échanges internationaux sont introduites dans le cadre de réformes économique plus vastes et il est difficile d'isoler leurs effets spécifiques. Une analyse

d'impact du commerce sur la sécurité alimentaire a été tentée dans plusieurs études de cas mais les résultats ont été mitigés, ce qui ne doit pas surprendre[40]. En Chine, les réformes économiques ont engendré des résultats positifs en ce qui concerne la croissance, la réduction de la pauvreté et la sécurité alimentaire. Le commerce, dont l'essor s'est poursuivi avec la même rapidité, a certainement joué un rôle positif mais ce sont les réformes nationales qui semblent avoir eu le plus d'effet sur la croissance. Au Nigéria également, les réformes nationales ont accru les mesures d'incitation aux producteurs de denrées de base et l'apport calorique par habitant a fait un bond après l'entrée en vigueur des réformes commerciales, ce qui semble indiquer leur impact positif sur la sécurité alimentaire.

Dans la même veine, au Chili, l'ouverture au commerce et l'élimination des mesures qui provoquaient des distorsions ont stimulé l'agriculture et plus généralement la croissance économique ainsi qu'une transition de la production vers des produits destinés à l'exportation, plus rentables que les cultures traditionnelles. Des travaux scientifiques ont montré que les réformes ont contribué de manière importante à la réduction de la pauvreté et à la sécurité alimentaire. Un autre exemple, celui du Pérou, illustre les résultats positifs obtenus en matière de sécurité alimentaire à la suite de transformations institutionnelles et économiques visant à renforcer les initiatives du secteur privé, notamment l'ouverture au commerce. Mais parallèlement à cette action, le pays a mis en œuvre des politiques et des programmes de protection sociale en vue de remédier à la croissance inégale entre secteurs et aux inégalités de revenus et atténuer le poids des réformes pour les segments les plus vulnérables de la population.

À l'inverse, au Guatemala, au Kenya, en République-Unie de Tanzanie et au Sénégal, les effets des réformes économiques et commerciales sur la sécurité alimentaire semblent avoir été décevants. Au Guatemala, les réformes

TABLEAU 5

Les effets possibles de la libéralisation des échanges sur les différentes dimensions de la sécurité alimentaire

	Effets positifs possibles	Effets négatifs possibles
DISPONIBILITÉ	Le commerce international dynamise les importations de produits alimentaires et permet d'accroître les disponibilités, tant en quantité qu'en variété. Effets dynamiques sur la production intérieure: le renforcement de la concurrence étrangère peut contribuer à améliorer la productivité grâce à des investissements accrus, à la recherche-développement et à la diffusion des technologies.	Dans les pays exportateurs nets de produits alimentaires, la hausse des prix internationaux peut avoir pour effet de détourner vers les marchés d'exportation une partie de la production jusqu'alors destinée à la consommation interne, ce qui a pour effet de réduire l'offre intérieure de denrées de base. Dans les pays importateurs nets de produits alimentaires, les producteurs locaux qui ne sont pas en mesure de soutenir la concurrence des importations sont susceptibles de réduire leur production, causant un affaiblissement de l'offre intérieure et la perte d'effets multiplicateurs importants des activités agricoles sur les économies rurales.
ACCÈS	Dans les pays importateurs nets de produits alimentaires, les prix des aliments tendent généralement à chuter lorsque la protection des frontières est réduite. Dans les secteurs compétitifs, un meilleur accès aux marchés d'exportation peut favoriser l'accroissement des revenus. Les prix des intrants sont susceptibles de fléchir. Les avantages macroéconomiques de la libéralisation des échanges, tels que la croissance des exportations et l'afflux d'investissements étrangers directs, soutiennent la croissance et l'emploi, qui à leur tour contribuent à accroître les revenus.	Dans les pays exportateurs nets de produits alimentaires, il est possible que les prix des produits exportables augmentent sur le marché intérieur. Dans certains secteurs sensibles en concurrence avec les importations, l'emploi et les revenus peuvent diminuer.
UTILISATION	L'offre d'une plus grande variété d'aliments peut favoriser des régimes alimentaires plus équilibrés et mieux satisfaire aux préférences et goûts différents des consommateurs. La sécurité sanitaire et la qualité des aliments peuvent s'améliorer si les exportateurs ont mis en place des systèmes de contrôle nationaux plus évolués ou si les normes internationales sont appliquées avec davantage de rigueur.	Une plus grande dépendance à l'égard des importations alimentaires a été associée à une consommation accrue d'aliments plus caloriques et de faible valeur nutritive, qui sont moins chers et plus facilement accessibles. La priorité donnée aux exportations de produits de base peut détourner les terres et autres ressources nécessaires à la production des aliments autochtones traditionnels, souvent supérieurs d'un point de vue nutritionnel.
STABILITÉ	Les importations réduisent la fluctuation saisonnière des disponibilités alimentaires, ainsi que les prix à la consommation. Les importations atténuent les risques liés à la production locale. Les marchés mondiaux sont moins exposés aux perturbations liées aux politiques ou aux aléas climatiques.	Dans les pays importateurs nets de produits alimentaires, la priorité donnée aux marchés mondiaux s'agissant d'assurer l'approvisionnement alimentaire et le recours à des politiques de libéralisation des échanges réduisent la marge de manœuvre utile pour faire face aux crises. Les pays importateurs nets de produits alimentaires peuvent être sensibles aux changements que les pays exportateurs peuvent apporter à leurs politiques commerciales, concernant par exemple des interdictions d'exportation. Les secteurs qui se trouvent à un stade initial de développement peuvent être plus vulnérables face à une flambée des prix ou à une augmentation subite des importations.

ont réussi à diversifier la production des cultures les plus rentables mais des facteurs externes (comme la baisse des cours du café) ont sapé le potentiel d'amélioration de la sécurité alimentaire. Au Kenya, la coordination insuffisante des politiques semble avoir ralenti les progrès contre la faim. Les résultats des réformes au Sénégal ont été mitigés; la prévalence de la sous-alimentation a globalement reculé mais les ménages dirigés par des femmes sont devenus plus vulnérables à l'insécurité alimentaire.

En effet, les difficultés qu'éprouvent les femmes rurales en termes d'accès aux facteurs de production, notamment la terre, le crédit, les intrants, les entrepôts et la technologie, peuvent compromettre leur capacité d'adopter de nouvelles technologies et/ou de profiter d'économies d'échelle pour améliorer leur compétitivité. Dans plusieurs pays en développement, les petites agricultrices qui n'arrivent pas à concurrencer les produits d'importation bon marché ont été forcées d'abandonner ou de vendre leurs exploitations, ce qui peut devenir pour elles un facteur d'insécurité alimentaire[41].

Le commerce n'est pas en soi préjudiciable, mais pour bon nombre de pays, en particulier ceux qui sont à un stade précoce de développement, les réformes commerciales peuvent avoir des effets négatifs sur la sécurité alimentaire à court et moyen terme. De récents travaux de recherche montrent que les pays qui soutiennent leur secteur primaire obtiennent généralement de meilleurs résultats dans presque toutes les dimensions de la sécurité alimentaire (disponibilité, accès et utilisation), tandis que la pression fiscale dans ce secteur porte atteinte à la sécurité alimentaire[42]. Toutefois, il a été démontré qu'un soutien excessif peut également entraîner de mauvaises performances pour toutes les dimensions de la sécurité alimentaire.

Au fur et à mesure que les pays s'ouvrent au commerce international des produits agricoles, ils sont plus exposés et donc plus vulnérables aux variations soudaines qui peuvent intervenir sur les marchés agricoles mondiaux. Par exemple, les poussées des importations, qui sont des augmentations soudaines du volume des importations d'une année à l'autre, peuvent entraver l'essor de l'agriculture dans les pays en développement.

Les secteurs alimentaires des pays en développement que caractérisent une faible productivité et le manque de compétitivité sont particulièrement vulnérables à ces poussées.

Une perturbation soudaine de la production intérieure peut avoir des répercussions catastrophiques sur les agriculteurs et les travailleurs du pays – perte d'emploi et diminution des revenus – et se répercuter sur la situation de la sécurité alimentaire. Pendant la période 1984-2013, la Chine, l'Équateur, l'Inde, le Kenya, le Nigéria, l'Ouganda, le Pakistan, la République-Unie de Tanzanie et le Zimbabwe étaient sujets à des hausses soudaines de leurs importations (on entend par là des importations supérieures de plus de 30 pour cent au volume moyen des trois années précédentes) et ces pays ont enregistré au total plus d'une centaine de poussées[43].

Les facteurs qui déterminent une poussée des importations peuvent avoir leur origine dans le pays importateur, à la suite d'une pénurie de l'offre intérieure ou d'un accroissement rapide de la demande. D'autres facteurs sont exogènes, comme lorsque des pays qui interviennent fortement pour soutenir leur production et/ou leurs exportations alimentaires écoulent des excédents sur les marchés internationaux. Les poussées dues à des facteurs d'origine externe peuvent être difficiles à gérer pour les pays touchés.

Les graves perturbations occasionnées sur les marchés intérieurs et leurs retombées négatives sur la sécurité alimentaire ont été invoquées pour prôner une approche plus prudente en matière de libéralisation des échanges agricoles et l'introduction de mécanismes efficaces de sauvegarde dans les futurs accords commerciaux. Dans les situations où le potentiel de l'agriculture en tant que catalyseur de la croissance n'est pas encore réalisé, les politiques commerciales, y compris les mesures commerciales correctives et les incitations visant à encourager la production nationale, peuvent jouer un rôle important. En même temps, les politiques complémentaires (comme dans le cas du Pérou) peuvent protéger les groupes les plus vulnérables des effets négatifs de ces politiques.

◼ Le commerce dans le contexte des nouveaux marchés agricoles

Le contexte des marchés agricoles internationaux, auparavant caractérisé par des prix bas et stables, a évolué. Aujourd'hui, les réactions des marchés aux chocs climatiques et économiques peuvent entraîner soudainement des hausses ou des chutes des prix. Ces modifications ont poussé à réévaluer le rôle du commerce et des politiques commerciales dans la promotion de la sécurité alimentaire.

L'augmentation considérable des factures des importations liée à la hausse des prix des denrées alimentaires en 2008 a déterminé une baisse de confiance à l'égard des marchés nationaux en tant que sources fiables d'aliments à des prix abordables et l'attention s'est recentrée sur l'appui à la production alimentaire nationale. En conséquence, certains pays en développement ont adopté des politiques susceptibles d'influencer directement les prix intérieurs au moyen de mesures douanières et d'un contrôle sur les prix ou de développer l'offre nationale grâce à des mesures d'incitation. Parmi les instruments de politique commerciale, les restrictions à l'exportation et la levée des droits à l'importation s'avèrent être les plus couramment utilisés pour résoudre les problèmes d'insécurité alimentaire pendant les périodes de hausse et d'instabilité des prix.

À l'égard de la sécurité alimentaire, le commerce n'est en soi ni une menace ni une panacée, mais il peut poser des problèmes, voire des risques, qui doivent être pris en considération par les décideurs politiques. Afin de prendre en compte leurs besoins en matière de sécurité alimentaire et de développement de façon cohérente et systématique, les pays doivent considérer l'éventail complet des instruments de politique générale à leur disposition et combiner avec souplesse celles qui leur permettront d'atteindre leurs objectifs.

L'importance de la protection sociale dans les tendances relatives à la faim, entre 1990 et 2015

La protection sociale a contribué directement à la réduction de la faim pendant la période de suivi des OMD. Depuis la fin des années 90, les transferts monétaires et autres programmes d'assistance sociale se sont multipliés dans le monde, une tendance déterminée en partie par les crises financières qui ont sévi à l'époque dans les économies de marché émergentes[44]. Depuis lors, la protection sociale a progressivement pris pied dans les législations nationales et sa couverture a été étendue à l'assistance aux groupes vulnérables.

La couverture a augmenté pour de nombreuses raisons, notamment la reconnaissance que la protection sociale peut être déterminante pour promouvoir la croissance durable et inclusive. La protection sociale est une composante cruciale des politiques destinées à remédier aux niveaux élevés et persistants de pauvreté et d'insécurité économique, aux niveaux élevés et croissants d'inégalité, à l'insuffisance des investissements dans le domaine des ressources humaines et des capacités humaines ainsi qu'à la faiblesse des stabilisateurs automatiques de la demande agrégée en cas de choc économique.

Si leur couverture est suffisante et leur mise en œuvre efficace, les politiques de protection sociale peuvent promouvoir le développement économique et social à court terme et à plus long terme, pour garantir à chacun la sécurité des revenus, un accès effectif aux soins de santé et autres services sociaux, la possibilité de gérer les risques et une autonomie suffisante pour profiter des possibilités de nature économique. Ces politiques jouent un rôle crucial dans la promotion de la croissance inclusive et durable, renforcent la demande intérieure, facilitent la transformation structurelle des économies nationales et l'application des principes du travail décent[45].

Entre 1990 et 2015, les programmes de protection sociale ont connu une progression exponentielle. Cette expansion a surtout touché les pays à fort revenu et les pays à revenu intermédiaire mais des progrès importants en matière de couverture de la protection sociale ont également été faits dans les pays en développement, comme en Afrique, par le biais de programmes innovants de transferts d'espèces et de prestations de santé[46]. Aujourd'hui, tous les pays du monde possèdent au moins un programme d'assistance sociale. Les programmes de repas scolaires, qui constituent l'intervention de protection sociale la plus répandue, existent dans 130 pays. Les transferts d'espèces non conditionnels sont également courants et sont mise en œuvre dans 118 pays à travers le monde. De même, les transferts d'espèces conditionnels et les programmes de travaux publics et de création d'avoirs communautaires poursuivent leur expansion[47]. Les efforts mondiaux et régionaux ont également été déterminants, notamment l'action en faveur de socles nationaux de protection sociale découlant de la Recommandation 202 adoptée par l'Organisation internationale du Travail (OIT)[48]. Cependant, malgré la prolifération de programmes dans le monde, l'OIT estime que 70 pour cent des pauvres du monde n'ont pas encore accès à une protection sociale adéquate[49].

Les organisations internationales, telles que la FAO et le PAM, jouent un rôle important dans la conception et la mise en œuvre, dans les pays, de programmes de filets de sécurité et de systèmes de protection sociale axés sur la sécurité alimentaire et la nutrition. Les systèmes de protection sociale comblent souvent des besoins alimentaires immédiats. Lorsqu'ils sont conçus en conséquence, ils contribuent aussi à l'amélioration des conditions de vie et des moyens d'existence, un facteur qui est indispensable à la réduction du nombre des personnes sous-alimentés dans le monde.

D'après de récentes études, 150 millions de personnes à travers le monde échappent au piège de l'extrême pauvreté grâce à la protection sociale[50]. Toutefois, l'impact des programmes d'assistance sociale tels que les transferts d'espèces favorisant le bien-être va au-delà des effets directs découlant de ces transferts. Les transferts sont susceptibles d'aider les ménages à gérer les risques et à atténuer l'impact des chocs pour ne pas s'enliser dans la pauvreté.

Les programmes d'assistance sociale tels que les programmes de transferts d'espèces peuvent influer sur la capacité productive des bénéficiaires, en particulier ceux qui ont un accès limité aux services financiers destinés à l'investissement et à l'atténuation des risques. L'octroi régulier d'un montant prévisible sous forme de transferts d'espèces est la source d'avantages importants lorsque les marchés sont absents ou défaillants. Lorsque les transferts sont d'un montant suffisant et sont combinés avec d'autres formes de soutien, ils permettent aux bénéficiaires d'épargner et/ou d'investir dans des avoirs productifs, ce qui peut favoriser l'inclusion sociale et entraîner d'autres avantages importants tout au long de la vie des participants[51]. Combinés à l'épargne et au crédit, à la remise en valeur de l'environnement et à l'assurance agricole, les transferts peuvent encourager une prise de risque prudente et accroître les revenus productifs, même chez les ménages les plus pauvres[52].

D'après les observations, les programmes d'assistance sociale, surtout s'ils sont couplés à des interventions supplémentaires en faveur de l'approvisionnement en eau potable, de la santé et/ou de l'éducation, renforcent les résultats nutritionnels et valorisent le capital humain. L'intégration des objectifs de nutrition dans les programmes d'assistance sociale a également le potentiel d'accélérer de manière significative les progrès accomplis dans la réduction de la sous-alimentation et l'amélioration de la productivité économique[53]. Par ailleurs, de nombreux programmes d'assistance sociale, tels que les transferts d'espèces, s'adressent aux femmes en tant que bénéficiaires directes. Avoir un meilleur contrôle sur les ressources leur a donné les moyens d'influer positivement sur la sécurité alimentaire et l'état nutritionnel des personnes, en particulier des enfants[54]. Toutefois, ces retombées positives dépendent aussi d'autres facteurs et exigent des interventions complémentaires.

Il ressort de l'expérience des 25 dernières années que les programmes de protection sociale peuvent jouer un rôle important dans la réalisation des objectifs en matière de sécurité alimentaire et de nutrition. Des éléments concrets montrent que l'augmentation des dépenses en faveur du renforcement des programmes de protection sociale peut être un investissement très rentable, qui permet de faire progresser la réduction de la pauvreté rurale et l'amélioration de la sécurité alimentaire et de la nutrition, à l'appui des objectifs de développement[55]. Le fait qu'en dépit de la croissance rapide des programmes de protection sociale au cours de ces dernières décennies, près de 70 pour cent de la population mondiale n'ait pas encore accès à des formes plus adéquates de sécurité sociale indique qu'il reste encore beaucoup à faire pour élargir la couverture de ces programmes et, par conséquent, pour accélérer les progrès contre la faim. Toutefois, développer la protection sociale ne suffira pas. Les politiques de protection sociale qui se sont avérées les plus efficaces en matière de sécurité alimentaire et de réduction de la pauvreté sont celles qui sont bien intégrées avec les politiques du secteur agricole et entièrement alignées sur les priorités et la vision énoncées dans des stratégies plus vastes dont l'objectif est de doter les pauvres de moyens d'existence viables et durables.

ENCADRÉ **3**

Le Programme de protection sociale fondé sur les activités productives en Éthiopie

Créé en 2005, le Programme de protection sociale fondé sur les activités productives est conçu pour permettre aux ruraux pauvres qui sont confrontés à une insécurité alimentaire chronique de résister aux chocs, de créer des avoirs et de devenir autosuffisants. Ce programme prévoit des transferts pluriannuels prévisibles sous forme d'aliments, d'espèces ou d'une combinaison des deux, pour aider les personnes qui souffrent d'insécurité alimentaire chronique à survivre lors des périodes de pénurie alimentaire et à ne pas liquider leurs avoirs productifs pour satisfaire à leurs besoins alimentaires de base.

Le panachage des transferts de vivres et d'espèces est décidé en fonction des résultats de la campagne et des besoins. Les aliments sont principalement utilisés pendant la période de soudure entre juin et août. L'assistance est fournie six mois par an aux ménages vulnérables pour les protéger contre l'insécurité alimentaire aiguë. Les membres valides des ménages qui participent au programme sont tenus de contribuer à des activités productives axées sur la création de moyens d'existence durables, comme la remise en valeur des ressources en terre et en eau et le développement des infrastructures communautaires, notamment la réfection des voies

rurales et la construction d'écoles et de dispensaires.

Des études ont montré que le Programme de protection sociale fondé sur les activités productives a eu un impact positif sur les moyens d'existence des ménages participants. En moyenne, dans l'ensemble des régions où le programme est opérationnel (Afar, Amhara, Dire Dawa, Harare, Oromiya, Région des nations, nationalités et peuples du Sud, Somali et Tigré), ces transferts à caractère prévisible ont raccourci de plus d'un mois la période de soudure, au cours de laquelle les ruraux pauvres sont le plus exposés à l'insécurité alimentaire. Les meilleurs résultats sont enregistrés dans la région d'Amhara, où la période de soudure a été raccourcie de près de deux mois. Le programme a également contribué à améliorer l'accès des enfants aux aliments. Entre 2006 et 2010, le nombre moyen de repas consommés par les enfants pendant la période de soudure au sein des ménages bénéficiaires a augmenté de 15 pour cent.

Dans certains cas, plus la participation d'un ménage au programme est prolongée et plus la période de soudure aura de chances d'être brève. Les transferts d'espèces entraînent en effet un accroissement des investissements réalisés par les ménages dans leur exploitation et améliorent la capacité productive de ceux-ci. En moyenne, une participation de cinq années au programme augmente le cheptel de 0,38 unités de bétail tropical (UBT) par an, les UBT représentant une agrégation pondérée de différents types d'animaux. Dans l'Oromiya, la valeur des avoirs productifs des ménages bénéficiaires a augmenté de 112 birr.

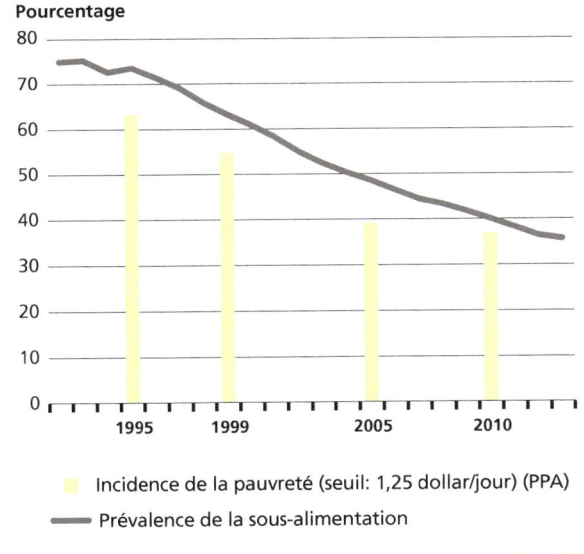

Pauvreté et prévalence de la sous-alimentation, Éthiopie, 1992–2013

Pourcentage

- ▢ Incidence de la pauvreté (seuil: 1,25 dollar/jour) (PPA)
- —— Prévalence de la sous-alimentation

Sources: FAO et Banque mondiale.

Source: G. Berhane, J. Hoddinott, N. Kumar et A.S. Taffesse. 2011. *The impact of Ethiopia's productive safety nets and household asset building programme: 2006-2010.* Washington (États-Unis d'Amérique), Institut international de recherche sur les politiques alimentaires (IFPRI).

Les crises prolongées et la faim

Les pays et les zones en situation de crise prolongée sont les «régions dans lesquelles une part importante de la population est exposée, pendant une période prolongée, à un risque élevé de mort, de maladie et de désorganisation des moyens d'existence. La gouvernance de ces régions est en général très faible, car l'État n'a pas les capacités suffisantes pour réagir face aux menaces qui pèsent sur la population, atténuer ces menaces ou fournir un niveau de protection suffisant»[56]. Sur la base des critères présentés dans *L'État de l'insécurité alimentaire dans le monde 2010*[57], la liste des pays considérés comme étant en situation de crise prolongée a été mise à jour en 2012 afin d'englober 20 pays[58]. Il convient cependant de noter que certaines crises prolongées sont limitées à des zones géographiques spécifiques et n'affectent pas obligatoirement tout un pays, voire l'intégralité de sa population.

Si les causes et les effets des crises prolongées varient, l'insécurité alimentaire et la malnutrition sont des caractéristiques qui leur sont communes[59]. L'insécurité alimentaire et la malnutrition sont particulièrement graves, persistantes et à grande échelle dans les situations de crise prolongée. En 2012, le nombre de personnes qui vivaient dans des situations de crise prolongée était estimé à 366 millions, dont environ 129 millions étaient considérées comme sous-alimentées entre 2010 et 2012 (en utilisant des estimations prudentes pour les pays dont les données sont insuffisantes), soit près de 19 pour cent du nombre total de personnes souffrant d'insécurité alimentaire dans le monde. En 2012, la prévalence moyenne de la sous-alimentation

dans les situations de crise prolongée était de 39 pour cent, contre 15 pour cent en moyenne dans le reste du monde en développement (voir figure 17).

Dans ces conditions, atteindre la cible 1c des OMD, qui est de réduire de moitié la proportion de la population sous-alimentée dans ces pays, pose un énorme défi. Sur les 20 pays en situation de crise prolongée recensés ci-dessus, un seul, l'Éthiopie, a atteint la cible 1c. Tous les autres déclarent que leurs progrès sont insuffisants ou qu'ils ont pris du retard par rapport à l'objectif fixé.

■ La typologie des crises

Au cours des 30 dernières années, la typologie des crises a progressivement évolué. Il s'agissait à l'origine de phénomènes à court terme, violents et très médiatisés qui se sont transformés progressivement en situations à plus long terme, structurelles et prolongées dues à une combinaison de plusieurs facteurs, en particulier les catastrophes naturelles et les conflits. D'autres facteurs ont joué un rôle aggravant, notamment, et de plus en plus fréquemment, le changement climatique, les crises financières et l'instabilité des prix. En d'autres termes, les crises prolongées sont devenues la nouvelle norme, tandis que les crises aiguës de courte durée sont désormais l'exception. D'ailleurs, le nombre de crises considérées comme prolongées est aujourd'hui plus important que par le passé[60].

S'agissant de la sécurité alimentaire et de la nutrition, 12 pays d'Afrique étaient en situation de crise alimentaire en 1990, et seulement quatre de ces crises étaient prolongées. Tout juste 20 ans plus tard, 24 pays étaient en situation de crise alimentaire, et 19 d'entre eux étaient confrontés à une crise qui sévissait depuis au moins huit ans[61]. Il devient donc impératif de traiter les causes à long terme de ces urgences. Par exemple, d'après le Pacte du Bosphore (*The Bosphorus Compact*)[62], entre 2004 et 2013, les appels humanitaires ont globalement augmenté de 446 pour cent dans le monde et leurs montants sont passés de 3 à 16,4 milliards de dollars É.-U. De même, le nombre de personnes déplacées à la fin de 2013 était de 51,2 millions, un chiffre qui n'avait jamais été atteint depuis la fin de la Seconde Guerre mondiale. La durée moyenne du déplacement dans les cas d'afflux massif de réfugiés est désormais de 20 ans. En outre, neuf appels humanitaires sur dix durent plus de trois ans, et 78 pour cent des crédits des donateurs du Comité d'aide au développement (CAD) de l'Organisation de coopération et de développement économiques (OCDE) sont alloués aux urgences prolongées.

Au cours des trois dernières décennies, les causes des crises sont devenues plus interdépendantes et les crises prolongées sont dues de plus en plus à des causes

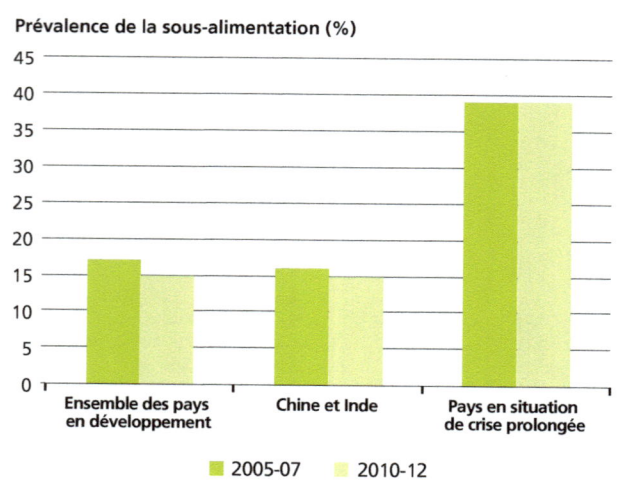

FIGURE **17**

Insécurité alimentaire: les crises prolongées sont-elles différentes?

Prévalence de la sous-alimentation (%)

Source: FAO.

naturelles, déclenchées par l'homme ou découlant d'une combinaison de causes naturelles et humaines[63]. Les conflits deviennent progressivement la cause principale de ces crises, et la prévalence des conflits d'origine humaine est plus élevée qu'auparavant. Les conflits sont donc désormais une caractéristique commune des crises. La relation complexe entre les conflits et la sécurité alimentaire et la nutrition reste à étudier de manière approfondie (encadré 4).

■ Différents effets des crises sur la sécurité alimentaire

Les crises prolongées nuisent à la sécurité alimentaire et à la nutrition de multiples façons et ont des effets sur la disponibilité et l'utilisation des aliments ainsi que sur l'accès à la nourriture. La désorganisation de la production agricole, de l'élevage et du commerce peuvent avoir un impact négatif sur la disponibilité

ENCADRÉ **4**

Conflit et instabilité politique

L'insécurité alimentaire peut être une conséquence directe d'un conflit violent et d'une instabilité politique, voire un facteur aggravant. En effet, l'insécurité alimentaire est un des facteurs qui peuvent déclencher et/ou approfondir un conflit, souvent dû à des facteurs économiques et structurels sous-jacents. Par exemple, une hausse soudaine et imprévue des prix des denrées alimentaires, ou la réduction ou la suppression des subventions pour les produits alimentaires de base, peuvent être un catalyseur de troubles civils et politiques, comme on a pu le constater durant le soulèvement social et les violences politiques qui ont eu lieu lors du Printemps arabe en 2011, lorsque les gouvernements au Proche-Orient ont réduit les subventions pour le pain. Les catastrophes naturelles, la sécheresse et la famine peuvent également contribuer à l'instabilité politique et à un conflit violent, comme en témoigne la région du Sahel et de l'Afrique de l'Ouest. L'insécurité alimentaire peut aggraver l'instabilité politique et un conflit violent lorsque des groupes spécifiques sont économiquement marginalisés, des services sont distribués de façon inéquitable ou des ressources naturelles rares indispensables à la sécurité alimentaire font l'objet d'une vive concurrence. Les conflits qui ont lieu périodiquement entre les agriculteurs et les éleveurs dans les régions semi-arides du Sahel et de l'Afrique de l'Est en sont l'illustration[1].

Cela étant, la mortalité causée par un conflit dû à l'insécurité alimentaire et la famine peut être bien supérieure à celle qui résulte directement de la violence. Un conflit désorganise les moyens d'existence dans les zones rurales et urbaines, et diminue la productivité agricole des petits exploitants. Il est une des causes principales de la faim et nuit à la sécurité alimentaire et la nutrition de multiples façons. Toutes les situations d'insécurité alimentaire et de famine extrêmes dans la Corne de l'Afrique depuis les années 80 ont été caractérisées par une forme de conflit, qui a transformé les crises d'insécurité alimentaire en famines dévastatrices. Globalement, entre 2004 et 2009, environ 55 000 personnes sont mortes chaque année des suites directes d'un conflit ou d'actes de terrorisme[2]. En

revanche, la famine causée par un conflit et la sécheresse a entraîné la mort de plus de 250 000 personnes dans la seule Somalie entre 2010 et 2012[3].

Les chiffres résultant des conflits en cours et de l'instabilité politique confirment l'existence de ce lien. En Iraq, les prix des denrées alimentaires sont élevés et instables dans les provinces touchées par le conflit et le panier alimentaire coûte de 25 à 30 pour cent de plus qu'à Bagdad, capitale du pays[4]. Le stress des cultures apparaît clairement sur les images satellite, qui confirment l'impact négatif du conflit sur les systèmes d'irrigation, la disponibilité des intrants agricoles et l'accès aux parcelles cultivées. En Palestine, le déplacement des populations, la désorganisation des moyens d'existence et la hausse du chômage ont entraîné une dégradation récente de la sécurité alimentaire. En 2013, 33 pour cent de tous les Palestiniens ont été considérés comme victimes d'insécurité alimentaire (19 pour cent sur la rive occidentale et 57 pour cent dans la bande de Gaza), et 16 pour cent supplémentaires ont été jugés particulièrement vulnérables à l'insécurité alimentaire[5]. Au début de 2015, suite aux violences, aux troubles civils et à la fragmentation qui aggravent en permanence la situation en République arabe syrienne, et en raison des sanctions internationales, de la désorganisation de la production alimentaire et des hausses des prix du fuel domestique et des denrées alimentaires, 9,8 millions de personnes ont demandé différentes formes d'assistance visant à améliorer l'alimentation, réorganiser la production agricole et renforcer les moyens de subsistance. Sur ces 9,8 millions de personnes, 6,8 millions avaient un besoin urgent d'aide alimentaire[6].

Au Soudan du Sud, entre janvier et mars 2015, quelque 2,5 millions de personnes étaient confrontées à une crise alimentaire aiguë (phase 3 du Cadre intégré de classification de la phase humanitaire et de la sécurité alimentaire [IPC]) ou à une urgence alimentaire (phase 4 de l'IPC)[7], car le conflit avait déplacé des populations, réduit la production alimentaire et désorganisé les marchés[8]. Il est à noter qu'avant l'éruption du conflit en décembre 2013, aucune

(suite)

ENCADRÉ 4 *(suite)*

personne au Soudan du Sud n'était en situation d'urgence alimentaire (phase 4). Les effets immédiats du conflit sur la sécurité alimentaire ont été mis en évidence par l'analyse révisée de l'IPC réalisée en mai 2014, qui a signalé que quelque 3,5 millions de personnes se trouvaient en situation d'insécurité alimentaire (phases 3 et 4), dont plus d'un million en situation d'urgence (phase 4)[9]. De même, le conflit en République centrafricaine a aggravé l'insécurité alimentaire. En avril-mai 2014, d'après l'IPC (mais avec un certain degré d'incertitude), environ 1,7 million de personnes étaient en situation d'insécurité alimentaire grave (phases 3 et 4)[10], ce qui représente une forte augmentation par rapport aux estimations de novembre 2013 (900 000 personnes), avant le déclenchement du conflit.

Dans tous ces exemples, il est probable que les principales causes de l'insécurité alimentaire actuelle persisteront pendant un certain temps, car les ménages adopteront de plus en plus des stratégies d'adaptation et de survie à court terme qui peuvent détruire les moyens d'existence et compromettre les perspectives d'avenir, par exemple en vendant des actifs productifs comme le bétail, ou en restant largement tributaire de l'aide alimentaire. Dans de tels contextes, ces pays auront beaucoup de mal à accomplir les progrès qui sont indispensables pour atteindre la cible 1c des OMD.

[1] M. Moritz. 2012. *Farmer-herder conflicts in sub-Saharan Africa* (voir: http://www.eoearth.org/view/article/51cbedc67896bb431f693d72).
[2] Déclaration de Genève sur la violence armée et le développement. 2011. *Fardeau mondial de la violence armée 2011: Affrontements meurtriers.* Genève (Suisse), Secrétariat de la Déclaration de Genève; FIDA. 2011. *Directives du FIDA pour le relèvement rapide après une catastrophe* (EB 2011/102/R.29). Rome; et FIDA. 2006. *Politique du FIDA en matière de prévention des crises et de redressement* (EB 2006/87/R.3/Rev.1). Rome.
[3] FAO. 2013. *Study suggests 258 000 Somalis died due to severe food insecurity and famine.* Communiqué de presse (voir: http://www.fao.org/somalia/news/detail-events/en/c/247642/).
[4] FAO. 2015. *Global food security update.* Numéro 17, mars 2015 (voir: http://documents.wfp.org/stellent/groups/public/documents/ena/wfp272750.pdf).
[5] Food Security Cluster. 2014. *Food insecurity in Palestine remains high.* Déclaration de haut niveau du SEFSec (Système de suivi des conditions socioéconomiques et la sécurité alimentaire), juin 2014 (voir: http://foodsecuritycluster.net/document/sefsec-high-level-statement-june-2014).
[6] PAM. 2014. *Syrian Arab Republic: Highlights as of December 2014.* Site web sur l'analyse de la sécurité alimentaire (voir: http://vam.wfp.org/CountryPage_overview.aspx?iso3=SYR).
[7] Le Cadre intégré de classification de la phase humanitaire et de la sécurité alimentaire [IPC] classe les situations d'insécurité alimentaire aiguë en cinq phases allant de la phase 1 (nulle/minimale) à la phase 5 (famine). Chaque phase est associée à une déclaration d'alerte rapide et une prise de décision proactive visant à mettre en œuvre des mesures appropriées et efficaces (voir: http://www.ipcinfo.org/ipcinfo-home/en/).
[8] IPC. 2015. *South Sudan – 2.5 million people in either Crisis or Emergency between January and March 2015.* Communiqué de presse (voir: http://www.ipcinfo.org/ipcinfo-detail-forms/ipcinfo-news-detail/en/c/276738/).
[9] IPC. 2014. Bulletin d'information sur le Soudan du Sud (voir: http://www.ipcinfo.org/fileadmin/user_upload/ipcinfo/docs/IPC_SouthSudan_Sept%202014_Communication_Summary.pdf).
[10] IPC. 2014. *IPC Alert: Central African Republic calls for immediate actions to avoid a worsening emergency situation.* Alerte web (http://www.ipcinfo.org/ipcinfo-detail-forms/ipcinfo-news-detail/en/c/232629/).

des produits alimentaires. L'accès à la nourriture est fréquemment perturbé en cas de crise à cause des déplacements de populations, de la dégradation des moyens d'existence ou de la confiscation des terres. En effet, lorsque l'État et les institutions coutumières sont incapables ou refusent de protéger et de garantir les droits juridiques des personnes, les tentatives visant à confisquer les terres au détriment des femmes, des orphelins ou d'autres personnes vulnérables passent inaperçues[64]. Enfin, les changements qui peuvent survenir dans les ménages, les relations communautaires, la dynamique du pouvoir ainsi que la fourniture inéquitable de services peuvent avoir une incidence sur la consommation alimentaire.

L'insécurité alimentaire peut être aggravée et se perpétuer lorsque ceux qui en souffrent utilisent leurs réserves alimentaires, leur épargne et d'autres actifs, et décident d'adopter des mécanismes d'adaptation non viables, tels que la vente d'actifs productifs, et de se livrer à des activités qui dégradent les terres afin de satisfaire leurs besoins alimentaires immédiats.

Le sexe et l'âge sont deux facteurs déterminants et puissants de l'incidence des crises prolongées sur les individus. Les femmes sont plus vulnérables que les hommes à ces crises, et leur accès à l'aide alimentaire peut être freiné par une discrimination fondée sur le sexe. En raison des disparités préexistantes entre les sexes concernant l'accès à des biens tels que la terre, la propriété ou le crédit, les femmes ont souvent moins de ressources financières que les hommes pour s'adapter à des impacts tels que la perte des capacités productives et faire face à l'augmentation des prix des produits alimentaires dans les zones touchées par la crise[65]. On a également constaté que les femmes ont d'autres tâches à assumer après les crises, notamment en ce qui concerne les soins, tandis que leur mobilité limitée et le manque de possibilités d'emploi en dehors du ménage réduisent l'éventail des stratégies d'adaptation qu'elles pourraient adopter. Souvent, lorsque les membres masculins du ménage sont absents parce qu'ils ont été tués, déplacés ou recrutés dans des forces armées, les femmes ne sont pas toujours en mesure de justifier la propriété des actifs familiaux (terres, bétail, outils et machines) ayant appartenu à leur mari, surtout si elles sont analphabètes ou insuffisamment conscientes de leurs droits juridiques, ce qui a des incidences négatives importantes pour la sécurité alimentaire.

ENCADRÉ **5**

Menaces posées par les catastrophes naturelles et le changement climatique à la sécurité alimentaire

La vulnérabilité aux risques naturels et aux catastrophes est une des principales causes de l'insécurité alimentaire et ce problème est aggravé par les effets du changement climatique. Entre 2003 et 2013, les risques naturels et les catastrophes qui ont ravagé les régions en développement ont touché plus de 1,9 milliard de personnes et causé des dommages estimés à près de 500 milliards de dollars É.-U. Après avoir procédé à un examen des évaluations des besoins après les catastrophes réalisées dans 48 pays en développement, la FAO a estimé que le secteur de l'agriculture absorbe environ 22 pour cent de l'impact économique total de ces catastrophes[1] et que sa capacité à améliorer la sécurité alimentaire est donc limitée.

Les petits États insulaires en développement (PEID) sont particulièrement en danger[2]. La Banque mondiale estime que les PEID représentent les deux tiers des pays qui subissent chaque année les pertes relatives les plus élevées dues aux catastrophes naturelles. Dans la seule région des Îles du Pacifique, les infrastructures, les bâtiments et les cultures commerciales, dont la valeur est estimée à 112 milliards de dollars É.-U., sont considérés comme vulnérables au risque de catastrophes naturelles[3]. Dans les Caraïbes, les catastrophes naturelles auraient causé chaque année des dommages évalués entre 0,5 et 1 milliard de dollars É.-U.[4]

Le changement climatique multiplie les risques de catastrophes naturelles car il modifie les régimes de températures et de précipitations et augmente la fréquence et l'intensité des phénomènes météorologiques extrêmes comme les sécheresses et les inondations[5]. Le cinquième rapport d'évaluation du Groupe d'experts intergouvernemental sur l'évolution du climat (GIEC), publié en 2014, indique que le changement climatique a déjà une incidence négative sur l'agriculture et touche les principales cultures, la production animale et la pêche. Ces zones tropicales, qui sont très vulnérables au changement climatique, sont aussi caractérisées par un niveau élevé d'insécurité alimentaire.

Quand elles surviennent, les catastrophes ont des répercussions immédiates sur les moyens d'existence et la sécurité alimentaire de millions d'agriculteurs familiaux, de petits exploitants, d'éleveurs pastoraux, de pêcheurs ainsi que des collectivités tributaires des forêts dans les pays en développement où l'agriculture emploie de 30 à plus de 80 pour cent de la population. Si l'on ne tient compte que des incidences des principaux phénomènes météorologiques qui ont dévasté un petit nombre de pays pendant la période 2003-2013, les dommages causés au secteur agricole (notamment les inondations et les tempêtes) se seraient élevés à 13 milliards de dollars É.-U. et à 11 milliards de dollars É.-U. en ce qui concerne l'élevage (principalement la sécheresse). Or ces chiffres ne représentent qu'une petite partie du montant total des dommages vraiment subis[6].

Les catastrophes naturelles se caractérisent également par un éventail très large et complexe d'effets indirects sur la sécurité alimentaire. Des perspectives plus incertaines et des risques plus élevés freinent l'investissement dans la production agricole, en particulier pour les agriculteurs familiaux et les petits exploitants qui ont un accès limité, voire inexistant, au crédit ou à l'assurance[7]. L'accent accru mis par des exploitants sur des activités moins risquées mais moins rentables, ainsi que la faiblesse des immobilisations en capital nécessaires au financement des frais fixes et de fonctionnement, débouchent généralement sur une réduction des profits actuels et futurs des exploitations. Les catastrophes naturelles ont également pour effet de réduire la consommation d'aliments ainsi que la fourniture de services éducatifs et de soins de santé, ce qui peut avoir une incidence négative à long terme sur la création de revenus et la sécurité alimentaire. En République-Unie de Tanzanie, par exemple, les chocs qui ont dévasté les cultures durant la période 1991-1995 ont entraîné une réduction de la croissance de la consommation de l'ordre de 17 à 40 pour cent en 2004[8].

Il est clair que la vulnérabilité aux catastrophes naturelles et aux effets aggravants du changement climatique peut poser de sérieux problèmes aux pays concernés, au point de les empêcher de réaliser pleinement les objectifs internationaux visant à éliminer la faim. Pour réduire la vulnérabilité aux catastrophes naturelles et au changement climatique, il est donc nécessaire de mettre en place une stratégie globale consistant à réduire au minimum l'exposition aux risques tout en élaborant des réponses ayant une efficacité maximale. Il s'agit notamment d'accroître la capacité de résistance des écosystèmes agricoles en utilisant des méthodes de gestion durable des terres et d'élaborer des programmes visant à améliorer la résilience socioéconomique en appliquant des mesures de protection sociale, en renforçant la gouvernance des marchés agricoles, en développant des chaînes de valeur et en mettant en place des programmes d'assurance et des systèmes d'alerte rapide efficaces. Le renforcement de la résilience étant spécifique aux conditions locales, il est dès lors essentiel de pouvoir définir et appliquer les stratégies au niveau local.

(suite)

ENCADRÉ 5 *(suite)*

Des données factuelles recueillies dans divers pays montrent que la mise en œuvre de mesures de réduction des risques de catastrophes peut procurer des avantages à long terme tels que la réduction des dommages qui pourraient être occasionnés, le renforcement de la résilience des moyens d'existence et l'amélioration de la productivité des systèmes agricoles. Des pays comme le Bangladesh, Cuba, Madagascar et le Viet Nam ont pu réduire considérablement l'impact des phénomènes météorologiques à risque tels que les tempêtes tropicales et les inondations en utilisant des systèmes d'alerte rapide améliorés et d'autres mesures de préparation aux catastrophes et de réduction des risques[9].

[1] FAO. 2015. *The impact of natural hazards and disasters on agriculture and food and nutrition security: a call for action to build resilient livelihoods.* Rome.

[2] FAO. 2015. *Food security and nutrition in Small Island Developing States.* Rome.

[3] Banque mondiale. 2012. *Acting today for tomorrow: a policy and practice note for climate- and disaster- resilient development in the Pacific Islands region.* Washington, DC.

[4] Banque mondiale. 2013. *Building resilience: integrating climate and disaster risk into development: lessons from World Bank Group experience.* Washington, DC.

[5] GIEC, 2014: Résumé à l'intention des décideurs. In: GIEC. *Changements climatiques 2014: conséquences, adaptation, et vulnérabilité.* Contribution du Groupe de travail II au cinquième Rapport d'évaluation du GIEC, p. 132. Cambridge (Royaume-Uni) et New York (États-Unis d'Amérique), Cambridge University Press.

[6] *Op. cit.*, voir note 1.

[7] J.R. Porter, L. Xie, A.J. Charlet, K. Cochrane, S.M. Howden, M.M. Iqbal, D.B. Lobell et M.I. Travasso. 2014. Sécurité alimentaire et systèmes de production alimentaire. In: GIEC. *Changements climatiques 2014: conséquences, adaptation, et vulnérabilité.* Contribution du Groupe de travail II au cinquième Rapport d'évaluation du GIEC, p. 485533. Cambridge (Royaume-Uni) et New York (États-Unis d'Amérique), Cambridge University Press.

[8] K. Beegle, J. de Weerdt et S. Dercon. 2008. Adult mortality and consumption growth in the age of HIV/AIDS. *Economic Development and Cultural Change*, 56(2): 299-326.

[9] Nations Unies. 2010. *Tenir les promesses: unis pour atteindre les Objectifs du Millénaire pour le développement.* New York (États-Unis d'Amérique).

■ Pourquoi est-il si difficile de lutter contre l'insécurité alimentaire et la malnutrition pendant les crises prolongées?

Il est particulièrement difficile de lutter contre l'insécurité alimentaire durant les crises prolongées. Les données d'expérience montrent que les parties concernées doivent non seulement lutter contre les effets dramatiques des crises prolongées tels que la faim, la malnutrition, la désorganisation et l'épuisement des moyens d'existence, mais aussi en traiter les causes profondes, notamment la mauvaise gouvernance, l'insuffisance des capacités, l'accès limité à des ressources naturelles rares et les conflits.

En outre, les politiques et les interventions mises en œuvre doivent tenir compte des caractéristiques spécifiques des crises prolongées ainsi que des défis complexes qu'elles posent, notamment leur longévité, la nécessité de protéger les groupes marginalisés et vulnérables et de respecter les droits humains fondamentaux, l'inadéquation entre les mécanismes de financement à court terme et les besoins à long terme, la meilleure façon d'intégrer l'assistance humanitaire et l'aide au développement, la coordination souvent médiocre des réponses, et l'adhésion insuffisante des parties prenantes nationales aux processus liés aux interventions. Enfin, compte tenu du contexte spécifique des crises prolongées, il apparaît difficile et peu souhaitable d'adopter des approches qui s'appliquent à tous les cas de figure.

Il existe néanmoins des exemples de bonnes pratiques permettant d'aborder certaines des causes profondes des crises prolongées, notamment des mécanismes de financement novateurs comme les modificateurs de crise, voire des processus plus complets pilotés par les pays (voir l'encadré 6 pour de plus amples détails). Il faudrait également que les femmes rurales soient considérées comme des partenaires à part entière dans le processus de réadaptation et non comme de simples «victimes». En effet, des études montrent que les programmes de secours qui intègrent la question de l'égalité des sexes permettent d'éviter une augmentation de la malnutrition et d'accélérer le redressement à grande échelle de la production alimentaire et d'autres aspects liés aux moyens d'existence[66].

Les crises prolongées deviennent un problème de plus en plus important au niveau mondial. Elles ont une incidence négative sur la sécurité alimentaire et la nutrition des populations et résultent souvent de l'instabilité et des conflits. Les expériences réussies existent, mais elles doivent être transposées à une plus grande échelle, ce qui exige un engagement politique fort et sans faille à tous les niveaux (voir encadré 7). Les efforts actuellement déployés par le Comité de la sécurité alimentaire mondiale (CSA) pour mettre un point final à un Cadre d'action visant à favoriser la sécurité alimentaire et la nutrition en situation de crise prolongée pourraient être une première étape décisive pour mobiliser la volonté politique et orienter les actions nécessaires.

ENCADRÉ **6**

Des mécanismes de financement innovants: les modificateurs de crises

Dans les interventions à plus long terme, les modificateurs de crise sont des lignes budgétaires qui permettent de réorienter rapidement les objectifs d'un programme en vue d'atténuer une crise sans passer par le long processus de collecte de fonds et de rédaction de propositions. Ce mécanisme favorise la mise en œuvre d'une approche plus intégrée, agile et souple qui peut limiter l'érosion des acquis du développement en temps de crise tout en répondant aux besoins immédiats. Il s'agit d'une approche utile pour échelonner et intégrer l'assistance humanitaire et l'aide au développement et les associer à un objectif commun, qui est celui de renforcer la résilience. Elle a été mise au point par l'Agence des États-Unis pour le développement international (USAID)/Bureau de l'aide aux victimes de catastrophes des États-Unis (OFDA) en Éthiopie afin de réorienter le financement du développement vers des interventions immédiates visant à sauver des vies humaines menacées par la sécheresse de 2011.

Un recentrage sur la gestion globale des risques

Plusieurs modèles complexes de gestion des risques ont été déployés aux niveaux communautaire, national et continental pour fournir des fonds d'urgence aux gouvernements et une assurance aux agriculteurs en cas de sécheresse grave ou d'autres catastrophes naturelles. La Capacité africaine de gestion des risques (ARC) en est un

exemple. L'ARC, qui est un nouveau partenariat entre l'Union africaine, des organismes du système des Nations Unies, des fondations philanthropiques et des bailleurs de fonds, se veut «[…] une entité financière africaine autonome qui fournira aux gouvernements africains des fonds de secours rapides, avantageux et fiables en cas de sécheresse grave, en mutualisant les risques sur tout le continent[1]». L'ARC convertit les données pluviométriques en un «coût d'intervention» approximatif. Les pays versent des primes, calculées en fonction des risques, à un mécanisme d'assurance indexée. Ils mutualisent ainsi le risque de sécheresse sur plusieurs pays et tirent profit de la diversité des systèmes climatiques en Afrique. Il existe des systèmes analogues au niveau communautaire tels que l'Initiative R4 en faveur de la résilience rurale en Éthiopie et au Sénégal, qui a pour but de renforcer la capacité de résistance aux variations et aux chocs climatiques. Le régime d'assurance et d'autres mécanismes de financement novateurs ne sont pas des solutions autonomes mais des éléments qui doivent être considérés comme faisant partie d'un ensemble plus vaste visant à réduire les risques, renforcer les moyens de subsistance et protéger les actifs dans des situations de crise.

[1] Union africaine et PAM. 2012. *Document d'information sur la Capacité africaine de gestion des risques (ARC)* (voir: http://www.africanriskcapacity.org/c/document_library/get_file?uuid=9fb04f73-f7c4-47ea-940f-ebe275f55767&groupId=350251).

ENCADRÉ **7**

Actions en faveur de la sécurité alimentaire et de la nutrition en périodes de crise prolongées: expériences réussies

Les succès obtenus dans l'amélioration de la sécurité alimentaire et de la nutrition dans les situations de crise prolongées sont souvent considérés comme le résultat d'actions préventives menées à bien et non comme des réponses permettant de traiter les incidences des crises récurrentes. L'Éthiopie, qui a récemment atteint la cible 1c des OMD, est un exemple de pays qui a réussi à traiter avec succès les problèmes posés par les crises récurrentes de la sécurité alimentaire.

En effet, ce pays a obtenu des résultats positifs qui peuvent être attribués à plusieurs facteurs interdépendants: premièrement, un taux de croissance annuel du PIB jamais atteint auparavant (10 pour cent), et deuxièmement, une évolution de la nature des interventions d'urgence et humanitaires, qui ont progressivement laissé la place à des interventions à plus long terme visant à s'attaquer aux causes

structurelles de la faim, de la précarité et de la pauvreté dans les zones les plus vulnérables et pauvres en ressources du pays. Jusqu'en 2005, la réponse standard à ces problèmes consistait à mettre en œuvre des interventions à court terme portant principalement sur l'aide alimentaire. Depuis 2005, le gouvernement a mis en place un programme de protection sociale généralisée intitulé «Programme de protection sociale fondé sur les activités productives». Ce programme vise quelque 7,5 millions de personnes vulnérables et s'appuie sur une approche «rémunération contre travail» et «vivres contre travail». Il a pour avantage de donner aux groupes les plus vulnérables les droits qui leur permettent d'accéder à la nourriture tout en les aidant à lutter contre les causes structurelles de l'insécurité alimentaire, par exemple en améliorant les activités agricoles et en investissant dans les infrastructures rurales.

Principales conclusions

- La croissance économique est nécessaire pour soutenir les progrès réalisés en matière de réduction de la pauvreté, de la faim et de la malnutrition, mais elle n'est pas suffisante.

- Une croissance inclusive, c'est-à-dire une croissance qui offre des possibilités à ceux qui ont peu d'actifs, de compétences et de débouchés, améliore les revenus et les moyens d'existence des pauvres et s'avère efficace dans la lutte contre la faim et la malnutrition. Les populations rurales représentent un pourcentage élevé des personnes souffrant de la faim et de la malnutrition dans les pays en développement, et les initiatives ayant pour but de favoriser la croissance dans l'agriculture et le secteur rural peuvent être un élément important d'une stratégie visant à promouvoir une croissance inclusive et améliorer la nutrition et la sécurité alimentaire.

- L'amélioration de la productivité des ressources détenues par les agriculteurs familiaux et les petits exploitants joue donc, dans la plupart des cas, un rôle déterminant dans la croissance partagée et a de profondes incidences sur les moyens d'existence des pauvres des zones rurales et l'économie rurale en général. Le bon fonctionnement des marchés des produits alimentaires, des intrants et du travail peut faciliter l'intégration des agriculteurs familiaux et des petits exploitants dans l'économie rurale et permettre aux pauvres des zones rurales de diversifier leurs moyens d'existence, deux résultantes qui sont essentielles pour la gestion des risques et la réduction de la faim et de la malnutrition.

- Dans de nombreux cas, l'ouverture aux marchés internationaux peut considérablement améliorer la sécurité alimentaire et la nutrition car elle augmente la disponibilité alimentaire et favorise l'investissement et la croissance. Les accords commerciaux internationaux devraient prévoir des mesures de protection efficaces et accorder une plus grande marge d'action aux pays en développement afin d'éviter les effets pouvant nuire à la sécurité alimentaire et la nutrition au niveau national.

- La protection sociale contribue directement à la réduction de la faim et de la malnutrition car elle garantit la sécurité des revenus et facilite l'accès à une nutrition, des soins de santé et une éducation de meilleure qualité. En développant les capacités humaines et en atténuant l'impact des chocs, la protection sociale aide les plus pauvres à participer au processus de croissance en leur offrant une meilleure chance de trouver un emploi décent.

- La prévalence de l'insécurité alimentaire et de la malnutrition est nettement plus élevée dans les situations de crise prolongée qui sont dues à des conflits et des catastrophes naturelles. Il faut donc une volonté politique forte pour s'attaquer aux causes profondes de ces crises, et les actions doivent se concentrer sur le traitement de la vulnérabilité, le respect des droits humains fondamentaux et l'intégration de l'assistance humanitaire et l'aide au développement.

TABLEAU A1
Prévalence de la sous-alimentation et progrès accomplis dans la réalisation des objectifs du Sommet mondial de l'alimentation (SMA)[1] et du Millénaire pour le développement (OMD)[2] dans les régions en développement

Régions/sous-régions/pays	Nombre de personnes sous-alimentées							Proportion de personnes sous-alimentées par rapport à la population totale						
	1990-92	2000-02	2005-07	2010-12	2014-16[3]	Évolution jusqu'à présent[4]	Progrès dans la réalisation de l'objectif SMA[5]	1990-92	2000-02	2005-07	2010-12	2014-16[3]	Évolution jusqu'à présent[4]	Progrès dans la réalisation de l'objectif OMD[5]
	(millions)					(%)		(%)						
MONDE	1 010,6	929,6	942,3	820,7	794,6	−21,4		18,6	14,9	14,3	11,8	10,9	−41,6	
Régions développées	20,0	21,2	15,4	15,7	14,7	−26,3		<5,0	<5,0	<5,0	<5,0	<5,0	s.o.	
Régions en développement	990,7	908,4	926,9	805,0	779,9	−21,3	◀▶	23,3	18,2	17,3	14,1	12,9	−44,5	○
Pays les moins avancés[6]	209,3	244,3	237,6	237,8	250,9	19,9	▲	40,0	36,5	31,4	27,7	26,7	−33,2	●
Pays en développement sans littoral[7]	94,4	112,3	105,2	103,8	107,4	13,8	▲	35,6	33,6	28,1	24,1	22,7	−36,1	●
Petits États insulaires en développement[8]	10,2	10,7	10,8	9,7	10,1	−0,5	◀▶	24,5	22,5	21,3	18,2	18,0	−26,3	●
Pays à faible revenu[9]	199,2	238,4	231,5	236,6	247,6	24,3	▲	39,1	36,6	31,8	28,7	27,5	−29,7	●
Pays à revenu intermédiaire de la tranche inférieure[10]	407,7	374,5	420,0	353,2	355,6	−12,8	◀▶	22,8	17,5	18,2	14,2	13,5	−40,7	●
Pays à faible revenu et à déficit vivrier[11]	460,2	468,9	512,8	474,0	495,8	7,7	▲	27,6	22,8	22,7	19,2	18,8	−32,0	●
Régions de la FAO														
Afrique[12]	175,7	203,6	206,0	205,7	220,0	25,2	▲	33,2	30,0	26,5	24,1	23,2	−30,1	●
Amérique latine et Caraïbes[13]	66,1	60,3	47,1	38,3	34,3	−48,0	✳	14,7	11,4	8,4	6,4	5,5	−62,7	●
Asie et Pacifique[14]	726,2	617,2	645,3	525,4	490,1	−32,5	◀▶	24,3	18,0	17,8	13,7	12,3	−49,5	●
Europe et Asie centrale[15]	9,9	11,5	8,8	7,2	5,9	−40,3	◀▶	8,0	8,5	6,2	<5,0	<5,0	s.o.	●
Proche-Orient et Afrique du Nord[16]	16,5	23,1	27,3	33,9	33,0	99,8	▲	6,6	7,5	8,1	8,3	7,5	14,6	●
AFRIQUE	181,7	210,2	213,0	218,5	232,5	27,9	▲	27,6	25,4	22,7	20,7	20,0	−27,7	●
Afrique du Nord [17]	6,0	6,6	7,0	5,1	4,3	−27,9	◀▶	<5,0	<5,0	<5,0	<5,0	<5,0	s.o.	●
Algérie	2,1	2,7	2,3	n.s.	n.s.	>−50,0	▼	7,7	8,4	6,8	<5,0	<5,0	s.o.	●
Égypte	n.s.	n.s.	n.s.	n.s.	n.s.	>−50,0	◀▶	<5,0	<5,0	<5,0	<5,0	<5,0	s.o.	●
Maroc	1,5	1,9	1,7	1,7	n.s.	>0,0	▲	5,9	6,6	5,5	5,2	<5,0	s.o.	●
Tunisie	n.s.	n.s.	n.s.	n.s.	n.s.	>−50,0	▼	<5,0	<5,0	<5,0	<5,0	<5,0	s.o.	●
Afrique subsaharienne [18]	175,7	203,6	206,0	205,7	220,0	25,2	▲	33,2	30,0	26,5	24,1	23,2	−30,1	●
Afrique australe	3,1	3,7	3,5	3,6	3,2	2,3	▲	7,2	7,1	6,2	6,1	5,2	−28,0	○
Afrique du Sud	n.s.	n.s.	n.s.	n.s.	n.s.	>−50,0	▼	<5,0	<5,0	<5,0	<5,0	<5,0	s.o.	●
Botswana	0,4	0,6	0,6	0,6	0,5	38,3	▲	25,1	36,0	32,2	28,7	24,1	−4,1	●
Lesotho	0,3	0,2	0,2	0,2	0,2	−6,3	◀▶	15,6	12,3	10,8	11,2	11,2	−28,0	●
Namibie	0,5	0,5	0,5	0,9	1,0	92,5	▲	35,9	27,3	26,0	39,4	42,3	18,0	●
Swaziland	0,1	0,2	0,2	0,3	0,3	144,4	▲	15,9	19,2	17,4	24,4	26,8	68,6	●
Afrique de l'Est	103,9	121,6	122,5	118,7	124,2	19,6	▲	47,2	43,1	37,8	33,7	31,5	−33,2	●
Djibouti	0,5	0,4	0,3	0,2	0,1	−68,8	✳	74,8	48,9	33,0	22,0	15,9	−78,8	●
Éthiopie	37,3	37,3	34,3	32,1	31,6	−15,1	◀▶	74,8	54,8	43,8	36,0	32,0	−57,2	●
Kenya	7,9	10,4	10,4	10,0	9,9	26,0	▲	32,4	32,3	28,2	23,8	21,2	−34,5	●
Madagascar	3,3	5,8	6,6	6,9	8,0	146,0	▲	27,3	35,6	34,9	31,7	33,0	21,0	●
Malawi	4,3	3,1	3,5	3,3	3,6	−16,8	◀▶	44,7	27,0	26,4	21,3	20,7	−53,7	●
Maurice	<0,1	<0,1	<0,1	n.s.	n.s.	>−50,0	◀▶	8,1	6,7	5,4	<5,0	<5,0	s.o.	●
Mozambique	7,8	7,9	8,0	7,3	6,9	−12,3	◀▶	56,1	42,1	36,9	29,9	25,3	−54,9	●

TABLEAU A1
Prévalence de la sous-alimentation et progrès accomplis dans la réalisation des objectifs du Sommet mondial de l'alimentation (SMA)[1] et du Millénaire pour le développement (OMD)[2] dans les régions en développement

Régions/sous-régions/pays	Nombre de personnes sous-alimentées							Proportion de personnes sous-alimentées par rapport à la population totale						
	1990-92	2000-02	2005-07	2010-12	2014-16[3]	Évolution jusqu'à présent[4]	Progrès dans la réalisation de l'objectif SMA[5]	1990-92	2000-02	2005-07	2010-12	2014-16[3]	Évolution jusqu'à présent[4]	Progrès dans la réalisation de l'objectif OMD[5]
	(millions)					(%)		(%)						
Ouganda	4,2	7,1	6,6	8,7	10,3	143,2	▲	23,2	28,1	22,3	24,8	25,5	10,1	●
République-Unie de Tanzanie	6,4	13,0	14,1	16,1	16,8	163,8	▲	24,2	37,1	35,4	34,7	32,1	32,9	●
Rwanda	3,9	4,7	4,5	3,9	3,9	2,0	▲	55,6	54,3	46,4	35,4	31,6	−43,1	○
Soudan (ancien État) [19]	10,6	9,6	10,2	s.o.	s.o.	s.o.		40,0	27,2	25,0	s.o.	s.o.	s.o.	
Zambie	2,7	4,7	6,0	6,9	7,4	173,1	▲	33,8	45,4	50,7	50,3	47,8	41,4	●
Zimbabwe	4,6	5,5	5,1	4,5	5,0	9,4	▲	42,7	43,7	40,4	33,5	33,4	−21,9	●
Afrique de l'Ouest	**44,6**	**35,9**	**32,3**	**30,4**	**33,7**	**−24,5**	**◄►**	**24,2**	**15,0**	**11,8**	**9,7**	**9,6**	**−60,2**	●
Bénin	1,5	1,6	1,3	1,2	0,8	−44,3	◄►	28,1	22,4	15,0	11,9	7,5	−73,4	●
Burkina Faso	2,4	3,3	3,5	3,5	3,7	57,9	▲	26,0	27,6	25,5	21,7	20,7	−20,3	●
Cabo Verde	<0,1	<0,1	<0,1	<0,1	<0,1	−17,5	◄►	16,1	19,2	14,4	12,1	9,4	−41,5	○
Côte d'Ivoire	1,3	2,7	2,5	2,8	2,8	111,8	▲	10,7	16,3	14,1	14,5	13,3	24,7	●
Gambie	0,1	0,2	0,2	0,1	0,1	−17,7	◄►	13,3	13,0	14,9	7,1	5,3	−60,3	●
Ghana	7,1	3,1	2,3	1,4	n.s.	<−50,0	✳	47,3	15,9	10,5	5,6	<5,0	s.o.	●
Guinée	1,5	2,3	2,2	2,0	2,0	37,5	▲	23,2	26,1	22,0	17,8	16,4	−29,0	●
Guinée-Bissau	0,2	0,3	0,4	0,4	0,4	53,6	▲	23,1	26,6	25,7	22,4	20,7	−10,5	●
Libéria	0,6	1,1	1,3	1,4	1,4	139,6	▲	29,0	37,8	38,8	34,7	31,9	10,0	●
Mali	1,4	1,3	1,1	n.s.	n.s.	<−50,0	✳	16,7	12,6	9,0	<5,0	<5,0	s.o.	●
Mauritanie	0,3	0,3	0,4	0,3	0,2	−24,7	◄►	14,6	11,2	11,1	7,6	5,6	−61,6	●
Niger	2,2	2,3	2,0	1,7	1,8	−18,0	◄►	27,7	20,5	14,5	10,5	9,5	−65,9	●
Nigéria	20,8	11,2	9,3	10,2	12,9	−38,1	◄►	21,3	8,9	6,5	6,2	7,0	−67,0	●
Sénégal	1,9	2,9	2,4	1,9	3,7	93,1	▲	24,5	28,2	21,1	14,3	24,6	0,1	●
Sierra Leone	1,7	1,7	2,0	1,6	1,4	−18,6	◄►	42,8	40,2	37,1	27,0	22,3	−47,9	○
Togo	1,5	1,4	1,4	1,2	0,8	−44,6	▼	37,9	28,7	24,2	18,9	11,4	−69,9	●
Afrique moyenne	**24,2**	**42,4**	**47,7**	**53,0**	**58,9**	**143,7**	**▲**	**33,5**	**44,2**	**43,0**	**41,5**	**41,3**	**23,2**	●
Angola	6,8	7,0	5,4	3,8	3,2	−52,1	✳	63,5	48,9	31,3	18,9	14,2	−77,6	●
Cameroun	4,7	5,0	3,9	2,5	2,3	−50,5	✳	37,8	30,8	21,0	11,9	9,9	−73,7	●
Congo	1,1	1,0	1,2	1,3	1,4	34,5	▲	43,2	32,0	32,8	29,9	30,5	−29,6	●
Gabon	0,1	n.s.	n.s.	n.s.	n.s.	<−50,0	✳	11,7	<5,0	<5,0	<5,0	<5,0	s.o.	●
République centrafricaine	1,4	1,6	1,6	1,5	2,3	62,7	▲	47,3	42,9	40,6	33,7	47,7	1,0	●
Sao Tomé-et-Principe	<0,1	<0,1	<0,1	<0,1	<0,1	−51,4	✳	22,9	17,6	8,9	5,9	6,6	−71,2	●
Tchad	3,6	3,5	4,1	4,8	4,7	28,8	▲	59,1	40,1	39,7	40,1	34,4	−41,9	○
AMÉRIQUE LATINE ET CARAÏBES	**66,1**	**60,4**	**47,1**	**38,3**	**34,3**	**−48,0**	**✳**	**14,7**	**11,4**	**8,4**	**6,4**	**5,5**	**−62,7**	●
Amérique latine	**58,0**	**52,1**	**38,8**	**31,0**	**26,8**	**−53,8**	**✳**	**13,9**	**10,5**	**7,3**	**5,5**	**<5,0**	**s.o.**	●
Amérique centrale	**12,6**	**11,8**	**11,6**	**11,3**	**11,4**	**−9,6**	**◄►**	**10,7**	**8,3**	**7,6**	**6,9**	**6,6**	**−38,2**	●
Belize	<0,1	<0,1	n.s.	<0,1	<0,1	16,1	▲	9,7	5,8	<5,0	5,7	6,2	−36,2	●
Costa Rica	0,2	0,2	0,2	0,3	n.s.	>0,0	▲	5,2	5,1	5,6	5,3	<5,0	s.o.	●
El Salvador	0,9	0,6	0,7	0,8	0,8	−9,8	◄►	16,2	10,6	10,7	12,6	12,4	−23,8	●
Guatemala	1,4	2,3	2,1	2,2	2,5	86,9	▲	14,9	20,4	15,9	14,8	15,6	4,7	●
Honduras	1,2	1,2	1,2	1,1	1,0	−11,5	◄►	23,0	18,5	16,4	14,6	12,2	−47,1	○

TABLEAU A1
Prévalence de la sous-alimentation et progrès accomplis dans la réalisation des objectifs du Sommet mondial de l'alimentation (SMA)[1] et du Millénaire pour le développement (OMD)[2] dans les régions en développement

Régions/sous-régions/pays	Nombre de personnes sous-alimentées							Proportion de personnes sous-alimentées par rapport à la population totale						
	1990-92	2000-02	2005-07	2010-12	2014-16[3]	Évolution jusqu'à présent[4]	Progrès dans la réalisation de l'objectif SMA[5]	1990-92	2000-02	2005-07	2010-12	2014-16[3]	Évolution jusqu'à présent[4]	Progrès dans la réalisation de l'objectif OMD[5]
	(millions)					(%)		(%)						
Mexique	6,0	n.s.	n.s.	n.s.	n.s.	>−50,0	◄►	6,9	<5,0	<5,0	<5,0	<5,0	s.o.	●
Nicaragua	2,3	1,6	1,3	1,2	1,0	−55,0	✳	54,4	31,3	23,2	19,5	16,6	−69,5	●
Panama	0,7	0,9	0,8	0,5	0,4	−43,8	▼	26,4	27,6	22,9	13,4	9,5	−64,2	●
Amérique du Sud	**45,4**	**40,3**	**27,2**	**n.s.**	**n.s.**	**<−50,0**	✳	**15,1**	**11,4**	**7,2**	**<5,0**	**<5,0**	**s.o.**	●
Argentine	n.s.	n.s.	n.s.	n.s.	n.s.	<−50,0	✳	<5,0	<5,0	<5,0	<5,0	<5,0	s.o.	●
Bolivie (État plurinational de)	2,6	2,8	2,8	2,5	1,8	−33,6	◄►	38,0	32,8	29,9	24,5	15,9	−58,1	●
Brésil	22,6	19,9	n.s.	n.s.	n.s.	<−50,0	✳	14,8	11,2	<5,0	<5,0	<5,0	s.o.	●
Chili	1,2	n.s.	n.s.	n.s.	n.s.	<−50,0	✳	9,0	<5,0	<5,0	<5,0	<5,0	s.o.	●
Colombie	5,0	3,9	4,2	5,3	4,4	−12,1	◄►	14,6	9,6	9,7	11,2	8,8	−39,8	○
Équateur	2,0	2,4	2,6	2,0	1,8	−12,3	◄►	19,4	18,6	18,8	12,8	10,9	−44,0	○
Guyana	0,2	<0,1	<0,1	<0,1	<0,1	−48,2	✳	22,8	9,7	10,4	11,8	10,6	−53,6	●
Paraguay	0,9	0,7	0,7	0,8	0,7	−14,0	◄►	19,5	12,9	11,2	12,1	10,4	−46,6	○
Pérou	7,0	5,4	5,3	3,2	2,3	−66,6	✳	31,6	20,7	18,9	10,7	7,5	−76,2	●
Suriname	<0,1	<0,1	<0,1	<0,1	<0,1	−31,2	◄►	15,5	13,9	11,5	8,3	8,0	−48,2	●
Uruguay	0,3	n.s.	n.s.	n.s.	n.s.	<−50,0	✳	8,6	<5,0	<5,0	<5,0	<5,0	s.o.	●
Venezuela (République bolivarienne du)	2,8	3,8	2,5	n.s.	n.s.	<−50,0	✳	14,1	15,3	9,0	<5,0	<5,0	s.o.	●
Caraïbes [20]	**8,1**	**8,2**	**8,3**	**7,3**	**7,5**	**−7,2**	◄►	**27,0**	**24,4**	**23,5**	**19,8**	**19,8**	**−26,6**	●
Barbade	n.s.	<0,1	<0,1	n.s.	n.s.	>0,0	▲	<5,0	5,2	6,7	<5,0	<5,0	s.o.	●
Cuba	0,6	n.s.	n.s.	n.s.	n.s.	<−50,0	✳	5,7	<5,0	<5,0	<5,0	<5,0	s.o.	●
Haïti	4,4	4,8	5,4	4,9	5,7	27,7	▲	61,1	55,2	57,1	49,3	53,4	−12,6	●
Jamaïque	0,2	0,2	0,2	0,2	0,2	−8,3	◄►	10,4	7,3	7,0	8,3	8,1	−22,3	○
République dominicaine	2,5	2,5	2,3	1,6	1,3	−48,5	✳	34,3	28,4	24,2	15,9	12,3	−64,3	●
Saint-Vincent-et-les Grenadines	<0,1	<0,1	<0,1	<0,1	<0,1	−69,7	✳	20,7	16,8	9,2	6,4	6,2	−70,1	●
Trinité-et-Tobago	0,2	0,2	0,2	0,1	0,1	−35,4	▼	12,6	11,9	11,7	9,9	7,4	−41,0	○
ASIE	**741,9**	**636,5**	**665,5**	**546,9**	**511,7**	**−31,0**	◄►	**23,6**	**17,6**	**17,3**	**13,5**	**12,1**	**−48,9**	●
Asie de l'Est	**295,4**	**221,7**	**217,6**	**174,7**	**145,1**	**−50,9**	✳	**23,2**	**16,0**	**15,2**	**11,8**	**9,6**	**−58,5**	●
Asie de l'Est (hors Chine)	**6,4**	**10,4**	**10,3**	**11,5**	**11,3**	**77,6**	▲	**9,6**	**14,6**	**13,9**	**15,1**	**14,6**	**50,9**	●
Chine	289,0	211,2	207,3	163,2	133,8	−53,7	✳	23,9	16,0	15,3	11,7	9,3	−60,9	●
Mongolie	0,7	0,9	0,9	0,7	0,6	−9,8	◄►	29,9	36,1	34,0	24,5	20,5	−31,5	●
République de Corée	n.s.	n.s.	n.s.	n.s.	n.s.	<−50,0	✳	<5,0	<5,0	<5,0	<5,0	<5,0	s.o.	●
République populaire démocratique de Corée	4,8	8,7	8,5	10,3	10,5	118,5	▲	23,3	37,7	35,5	42,0	41,6	78,4	●
Asie de l'Ouest [21]	**8,2**	**14,0**	**17,2**	**18,4**	**18,9**	**129,5**	▲	**6,4**	**8,6**	**9,3**	**8,8**	**8,4**	**32,2**	●
Arabie saoudite	n.s.	n.s.	n.s.	n.s.	n.s.	>−50,0	◄►	<5,0	<5,0	<5,0	<5,0	<5,0	s.o.	●
Émirats arabes unis	n.s.	n.s.	n.s.	n.s.	n.s.	>0,0	▲	<5,0	<5,0	<5,0	<5,0	<5,0	s.o.	●
Iraq	1,4	5,8	7,3	7,8	8,1	470,4	▲	7,9	23,5	26,0	24,5	22,8	189,7	●
Jordanie	0,2	0,3	n.s.	n.s.	n.s.	>−50,0	◄►	5,5	6,0	<5,0	<5,0	<5,0	s.o.	●
Koweït	0,8	n.s.	n.s.	n.s.	n.s.	<−50,0	✳	39,4	<5,0	<5,0	<5,0	<5,0	s.o.	●
Liban	n.s.	n.s.	n.s.	n.s.	n.s.	>0,0	▲	<5,0	<5,0	<5,0	<5,0	<5,0	s.o.	●

TABLEAU A1

Prévalence de la sous-alimentation et progrès accomplis dans la réalisation des objectifs du Sommet mondial de l'alimentation (SMA)[1] et du Millénaire pour le développement (OMD)[2] dans les régions en développement

Régions/sous-régions/pays	Nombre de personnes sous-alimentées							Proportion de personnes sous-alimentées par rapport à la population totale						
	1990-92	2000-02	2005-07	2010-12	2014-16[3]	Évolution jusqu'à présent[4]	Progrès dans la réalisation de l'objectif SMA[5]	1990-92	2000-02	2005-07	2010-12	2014-16[3]	Évolution jusqu'à présent[4]	Progrès dans la réalisation de l'objectif OMD[5]
	(millions)					(%)		(%)						
Oman	0,3	0,2	0,2	n.s.	n.s.	<−50,0	✳	15,1	9,3	7,9	<5,0	<5,0	s.o.	🟢
Turquie	n.s.	n.s.	n.s.	n.s.	n.s.	<−50,0	✳	<5,0	<5,0	<5,0	<5,0	<5,0	s.o.	🟢
Yémen	3,6	5,3	6,1	6,1	6,7	85,6	▲	28,9	29,4	29,7	26,3	26,1	−9,7	🟡
Asie du Sud	**291,2**	**272,3**	**319,1**	**274,2**	**281,4**	**−3,4**	**◄►**	**23,9**	**18,5**	**20,1**	**16,1**	**15,7**	**−34,4**	🟡
Asie du Sud (hors Inde)	**81,1**	**86,7**	**85,3**	**84,3**	**86,8**	**7,0**	**▲**	**24,5**	**21,0**	**19,0**	**17,5**	**17,0**	**−30,6**	🟡
Afghanistan	3,8	10,0	8,3	7,1	8,6	126,1	▲	29,5	46,7	32,3	24,3	26,8	−9,0	🟡
Bangladesh	36,0	27,7	24,3	26,5	26,3	−27,0	◄►	32,8	20,6	16,8	17,3	16,4	−49,9	🟢
Inde	210,1	185,5	233,8	189,9	194,6	−7,4	◄►	23,7	17,5	20,5	15,6	15,2	−36,0	🟡
Iran (République islamique d')	2,9	3,8	4,7	4,7	n.s.	>0,0	▲	5,1	5,6	6,6	6,2	<5,0	s.o.	🟢
Maldives	<0,1	<0,1	<0,1	<0,1	<0,1	−31,6	▼	12,2	11,9	15,4	8,7	5,2	−57,6	🟢
Népal	4,2	5,2	4,1	2,5	2,2	−47,3	◄►	22,8	21,9	15,8	9,2	7,8	−65,6	🟢
Pakistan	28,7	34,4	38,1	38,3	41,4	44,2	▲	25,1	23,4	23,7	21,8	22,0	−12,4	🟡
Sri Lanka	5,4	5,7	5,9	5,3	4,7	−11,6	◄►	30,6	29,7	29,1	25,3	22,0	−28,3	🟡
Asie du Sud-Est	**137,5**	**117,6**	**103,2**	**72,5**	**60,5**	**−56,0**	**✳**	**30,6**	**22,3**	**18,3**	**12,1**	**9,6**	**−68,5**	🟢
Brunei Darussalam	n.s.	n.s.	n.s.	n.s.	n.s.	>−50,0	◄►	<5,0	<5,0	<5,0	<5,0	<5,0	s.o.	🟢
Cambodge	3,0	3,6	2,7	2,5	2,2	−26,1	◄►	32,1	28,5	19,6	16,8	14,2	−55,8	🟢
Indonésie	35,9	38,3	42,7	26,9	19,4	−45,9	▼	19,7	18,1	18,8	11,1	7,6	−61,6	🟢
Malaisie	1,0	n.s.	n.s.	n.s.	n.s.	>−50,0	◄►	5,1	<5,0	<5,0	<5,0	<5,0	s.o.	🟢
Myanmar	26,8	24,3	17,0	9,4	7,7	−71,4	✳	62,6	49,6	33,7	18,0	14,2	−77,4	🟢
Philippines	16,7	16,1	14,3	12,7	13,7	−17,9	◄►	26,3	20,3	16,4	13,4	13,5	−48,8	🟢
République démocratique populaire lao	1,9	2,1	1,6	1,4	1,3	−30,6	◄►	42,8	37,9	26,9	21,4	18,5	−56,8	🟢
Thaïlande	19,8	11,6	7,7	6,0	5,0	−74,9	✳	34,6	18,4	11,7	8,9	7,4	−78,7	🟢
Timor-Leste	0,4	0,4	0,3	0,3	0,3	−10,0	◄►	45,2	41,6	34,0	31,2	26,9	−40,4	🟡
Viet Nam	32,1	20,7	15,9	12,2	10,3	−68,0	✳	45,6	25,4	18,5	13,6	11,0	−75,8	🟢
Caucase et Asie centrale	**9,6**	**10,9**	**8,4**	**7,1**	**5,8**	**−39,9**	**◄►**	**14,1**	**15,3**	**11,3**	**8,9**	**7,0**	**−50,8**	🟢
Arménie	0,9	0,7	0,2	0,2	0,2	−80,8	✳	27,3	23,0	8,2	6,8	5,8	−78,8	🟢
Azerbaïdjan	1,8	1,4	n.s.	n.s.	n.s.	<−50,0	✳	23,6	17,1	<5,0	<5,0	<5,0	s.o.	🟢
Géorgie	3,0	0,8	0,3	0,4	0,3	−89,4	✳	56,5	16,3	6,0	10,1	7,4	−86,8	🟢
Kazakhstan	n.s.	n.s.	0,8	n.s.	n.s.	>−50,0	◄►	<5,0	<5,0	5,0	<5,0	<5,0	s.o.	🟢
Kirghizistan	0,7	0,8	0,5	0,4	0,3	−53,1	✳	15,9	16,7	9,4	7,2	6,0	−62,6	🟢
Ouzbékistan	n.s.	3,6	3,3	2,2	n.s.	>0,0	▲	<5,0	14,4	12,4	7,7	<5,0	s.o.	🟢
Tadjikistan	1,6	2,5	2,8	2,9	2,9	78,3	▲	28,1	39,5	40,5	36,8	33,2	18,2	🔴
Turkménistan	0,4	0,4	0,2	n.s.	n.s.	<−50,0	✳	8,6	8,4	5,1	<5,0	<5,0	s.o.	🟢
OCÉANIE [22]	**1,0**	**1,3**	**1,3**	**1,3**	**1,4**	**51,5**	**▲**	**15,7**	**16,5**	**15,4**	**13,5**	**14,2**	**−9,9**	🟡
Fidji	<0,1	n.s.	n.s.	n.s.	n.s.	>−50,0	◄►	6,6	<5,0	<5,0	<5,0	<5,0	s.o.	🟢
Kiribati	<0,1	n.s.	n.s.	n.s.	n.s.	>−50,0	◄►	7,5	<5,0	<5,0	<5,0	<5,0	s.o.	🟢
Samoa	<0,1	<0,1	n.s.	n.s.	n.s.	<−50,0	✳	10,7	5,2	<5,0	<5,0	<5,0	s.o.	🟢
Îles Salomon	<0,1	<0,1	<0,1	<0,1	<0,1	−17,1	◄►	24,8	15,0	12,0	10,7	11,3	−54,5	🟢
Vanuatu	<0,1	<0,1	<0,1	<0,1	<0,1	0,1	▲	11,2	8,2	7,0	6,1	6,4	−42,8	🟡

Méthode d'évaluation de la sécurité alimentaire et progrès accomplis en vue de l'atteinte des objectifs internationaux relatifs à la faim

Ensemble d'indicateurs de la sécurité alimentaire

La sécurité alimentaire est une notion complexe, qui prend corps dans de nombreuses situations matérielles et dont les déterminants sont multiples. Le rapport sur *L'État de l'insécurité alimentaire dans le monde 2013* présentait une série d'indicateurs de la sécurité alimentaire, qui servent à en mesurer les quatre dimensions distinctement, de manière à permettre une évaluation plus nuancée de l'insécurité alimentaire.

On trouvera des données à jour sur l'ensemble d'indicateurs de la sécurité alimentaire sur le site de FAOSTAT (http://faostat3.fao.org/download/D/FS/F), depuis lequel ces données peuvent aussi être téléchargées, et sur le site de la FAO (http://www.fao.org/economic/ess/ess-fs/indicateurs-de-la-securite-alimentaire/fr/).

FIGURE **A2.1**

Ensemble d'indicateurs de la sécurité alimentaire

INDICATEURS DE LA SÉCURITÉ ALIMENTAIRE	DIMENSION
Adéquation des disponibilités énergétiques alimentaires moyennes Valeur moyenne de la production alimentaire	DISPONIBILITÉ
Part des disponibilités énergétiques alimentaires provenant des céréales, racines et tubercules Disponibilités protéiques moyennes Disponibilités protéiques moyennes d'origine animale	
Pourcentage des routes revêtues sur l'ensemble du réseau Densité du réseau routier Densité du réseau ferroviaire	ACCÈS
Produit intérieur brut (en parité de pouvoir d'achat)	
Indice national des prix des produits alimentaires	
Prévalence de la sous-alimentation Part des dépenses alimentaires chez les populations pauvres Ampleur du déficit alimentaire Prévalence de l'insuffisance alimentaire	
Taux de dépendance à l'égard des importations céréalières Pourcentage des terres arables équipées pour l'irrigation Valeur des importations alimentaires par rapport aux exportations totales de marchandises	STABILITÉ
Stabilité politique et absence de violence/terrorisme Instabilité des prix intérieurs des produits alimentaires Variabilité de la production alimentaire par habitant Variabilité des disponibilités alimentaires par habitant	
Accès à des sources d'eau améliorées Accès à des installations d'assainissement améliorées	UTILISATION
Pourcentage des enfants de moins de 5 ans émaciés Pourcentage des enfants de moins de 5 ans présentant un retard de croissance Pourcentage des enfants de moins de 5 ans présentant une insuffisance pondérale Pourcentage des adultes présentant une insuffisance pondérale Prévalence de l'anémie chez les femmes enceintes Prévalence de l'anémie chez les enfants de moins de 5 ans Prévalence de la carence en vitamine A dans la population Prévalence de la carence en iode dans la population	

Source: FAO.

Indicateur de prévalence de la sous-alimentation

L'indicateur de prévalence de la sous-alimentation (PoU) de la FAO mesure la probabilité qu'un individu sélectionné de manière aléatoire dans la population de référence ait un apport énergétique alimentaire insuffisant pour satisfaire les besoins qu'implique une vie saine et active. Son équation est la suivante:

$$PoU \equiv \int_{x < MDER} f(x)dx$$

où $f(x)$ est la densité de probabilité de l'apport énergétique alimentaire par habitant. La loi de distribution des probabilités utilisée pour déduire les niveaux habituels d'apport énergétique alimentaire au sein d'une population, $f(x)$, renvoie à un niveau typique d'apport énergétique journalier durant une année. La loi de distribution $f(x)$ et les besoins énergétiques alimentaires minimaux (MDER) sont associés à l'individu représentatif de la population, qui est une construction statistique correspondant à un individu moyen au regard de l'âge, de la répartition des sexes, de la stature et de l'activité physique.

Estimer le PoU nécessite de trouver une forme fonctionnelle pour $f(x)$, choisie dans une famille paramétrique. Les paramètres qui caractérisent $f(x)$ sont les suivants: le niveau moyen de l'apport énergétique alimentaire par habitant, en calories, le seuil MDER, le coefficient de variation (CV), qui rend compte des inégalités en matière de consommation alimentaire, et le coefficient d'asymétrie (SK), qui rend compte de l'asymétrie dans la distribution.

Pour appliquer cette méthode, il faut: i) choisir une forme fonctionnelle pour la distribution de la consommation alimentaire $f(x)$; ii) définir les valeurs des trois paramètres, à savoir l'apport énergétique alimentaire moyen (DEC), sa variabilité (CV) et son asymétrie (SK); iii) calculer le seuil MDER.

■ Choix d'une forme fonctionnelle pour la distribution

Si l'on remonte à la Sixième enquête mondiale sur l'alimentation en 1996[67], l'hypothèse retenue était celle d'une distribution log-normale. Ce modèle est pratique du point de vue analytique, mais offre peu de souplesse, notamment pour rendre compte de l'asymétrie de la distribution.

Dans le cadre des révisions apportées pour l'édition 2012 de *L'État de l'insécurité alimentaire dans le monde*, on a remplacé l'utilisation exclusive de la distribution log-normale à deux paramètres par les familles plus souples de distribution normale asymétrique et log-normale asymétrique à trois paramètres[68]. Le gain de souplesse apporté par l'ajout d'un paramètre permet la caractérisation indépendante de l'asymétrie de la distribution.

Pour encore affiner les choses, on s'appuie dans le présent rapport sur les données elles-mêmes pour décider de la forme de distribution qu'il faut choisir[69]. Ainsi, on utilise comme critère de sélection l'asymétrie empirique de la distribution de l'apport énergétique alimentaire par habitant provenant des enquêtes nationales menées auprès des ménages (NHS)[70]. En prenant l'asymétrie inhérente à la distribution log-normale comme limite supérieure pour le niveau d'asymétrie, on utilise la distribution log-normale asymétrique, dont la distribution log-normale est un cas spécifique, comme étape intermédiaire avant la distribution normale asymétrique, qui est elle-même une forme plus générale de la distribution normale. Le modèle ainsi obtenu permet de rendre compte de la réduction des inégalités dans la consommation alimentaire, comme celle qu'engendrent les programmes d'intervention dans le domaine alimentaire, ce qui garantit une transition douce vers une distribution dans laquelle la consommation alimentaire est symétrique.

■ Estimation et projection de la consommation alimentaire moyenne

Pour calculer l'apport énergétique alimentaire moyen par habitant d'un pays, la FAO s'appuie habituellement sur ses bilans alimentaires, disponibles pour plus de 180 pays. Dans la plupart des pays, ce choix s'explique principalement par l'absence d'enquêtes appropriées et régulières. À partir des données sur la production, les échanges commerciaux et l'utilisation des produits alimentaires, d'une part, et des données sur la composition des aliments, d'autre part, on obtient la quantité totale d'énergie alimentaire disponible pour la consommation humaine dans un pays sur une année, ce qui permet ensuite de calculer une estimation des disponibilités énergétiques alimentaires par habitant.

Lors de la révision effectuée pour *L'État de l'insécurité alimentaire dans le monde 2012*, on a introduit un paramètre rendant compte des pertes de produits alimentaires lors de la vente au détail, en vue d'obtenir des valeurs plus exactes de la consommation par habitant. On a estimé la valeur énergétique des pertes par région à partir des données fournies par une récente étude de la FAO[71]; ces pertes vont de 2 pour cent des volumes distribués, pour les céréales sèches, à 10 pour cent, pour les produits périssables tels que les fruits et légumes frais.

La dernière période pour laquelle le PoU est estimé est la moyenne triennale 2014-2016. Ce choix est motivé par la nécessité d'assurer la cohérence avec les évaluations précédentes sur la sous-alimentation – qui s'appuyaient sur les moyennes triennales depuis 1990-1992 – et le suivi des Objectifs du Millénaire pour le développement et l'objectif du Sommet mondial de l'alimentation, qui vise 2015 (voir la section suivante). La dernière période doit être une moyenne triennale centrée sur 2015, c'est-à-dire la période 2014-2016. Par conséquent, il faut que l'apport énergétique alimentaire moyen par habitant soit calculé et projeté jusqu'à l'année 2016.

Les données disponibles les plus récentes provenant des bilans alimentaires datent de 2013 pour la plupart des pays[72]; elles ne vont que jusqu'en 2011 pour les autres pays. Il a donc fallu obtenir des sources supplémentaires pour estimer l'apport énergétique alimentaire moyen pour les années suivantes. Pour 2012, 2013 et 2014, la principale source de données venant compléter les données manquantes se trouve dans les estimations de la consommation alimentaire indiquées dans les perspectives à court terme relatives aux marchés établies par la Division du commerce et des marchés (EST) de la FAO. La Division calcule la disponibilité par personne de certains produits essentiels – céréales, viandes, oléagineux et sucre – pour la plupart des pays du monde. Ces estimations ont été utilisées pour calculer de façon proportionnelle les données des bilans alimentaires pour obtenir des chiffres prévisionnels pour 2012, 2013 et 2014. Ces prévisions sont actualisées tous les six mois et doivent être complétées par des projections pour les années récentes.

On a utilisé le modèle Holt-Winters de retard distribué pour effectuer les projections de l'apport énergétique alimentaire moyen pour 2015 et 2016. On a aussi utilisé ce modèle pour calculer les projections pour 2014 lorsque EST n'avait pas de données ou que ces données n'étaient pas fiables. Le modèle Holt-Winters recourt à un processus appelé lissage exponentiel, qui attribue une pondération plus élevée aux données plus récentes et une pondération progressivement moins importante aux observations plus anciennes. À chaque période, la pondération est réduite d'un chiffre constant, qui se trouve sur une courbe exponentielle. Quand le modèle Holt-Winters de retard distribué ne produit pas de résultats plausibles, on a eu recours à des modèles de prévision plus simples, tels que les extrapolations des tendances linéaires ou exponentielles. Pour certains pays, en particulier dans les situations où les estimations faites par EST semblaient donner des résultats peu plausibles, on a fait appel à la prévision économétrique pour toute période sur laquelle portait la projection.

▤ Estimation des coefficients de variation et d'asymétrie[73]

Nouvelle méthode de traitement des données
Les paramètres de variabilité (CV) et d'asymétrie (SK) sont tirés des enquêtes menées auprès des ménages chaque fois que celles-ci sont disponibles et fiables. Ces enquêtes recueillent habituellement des informations sur l'alimentation dans le cadre d'un module sur les dépenses. Les données provenant de ces enquêtes, lorsqu'elles sont considérées comme des observations de la consommation habituelle des individus, sont sujettes à une forte variabilité. Il est donc essentiel d'appliquer des méthodes de traitement des données avant d'estimer les paramètres. C'est tout particulièrement le cas pour le paramètre SK, qui est sensible à la présence de valeurs extrêmes[74].

Dans la présente édition de *L'État de l'insécurité alimentaire dans le monde*, on a évalué la précision des statistiques pour un échantillon au moyen d'une validation croisée de type «leave-out-one». Dans le cadre de cette approche, pour un échantillon de taille *n*, on crée des sous-échantillons de taille (*n* - 1), et on procède en écartant systématiquement un sous-échantillon pour chaque observation. Pour chaque sous-échantillon, on peut analyser la sensibilité de la statistique visée – le paramètre SK, dans ce cas – par rapport à l'observation exclue, et on élimine les observations qui ont une forte incidence. Cette méthode permet un calcul précis du paramètre SK qui n'est sensible à aucune des observations présentes dans l'ensemble de données.

Correction de la variabilité excessive
L'objectif premier des enquêtes nationales menées auprès des ménages étant de mesurer le niveau des conditions de vie de la population et leur évolution, les données recueillies portent habituellement sur l'acquisition d'aliments sur une période de référence donnée. Cependant, les analyses de la sécurité alimentaire du présent rapport ont comme objectif de rendre compte de la consommation alimentaire habituelle, qui varie normalement moins que l'acquisition d'aliments. On remédie donc à la variabilité excessive en partant de l'hypothèse que la relation entre le revenu et l'apport calorique est stable, ce qui élimine du calcul la variabilité excessive due au fait que certains ménages augmentent leurs stocks alimentaires tandis que d'autres épuisent les leurs. Par le passé, on remédiait à la variabilité excessive en regroupant les niveaux de consommation alimentaire des ménages par décile de revenu[75].

Dans la présente édition de *L'État de l'insécurité alimentaire dans le monde*, on recourt à une version améliorée de la méthode décrite ci-avant, fondée sur une régression linéaire qui relie le log du revenu par habitant et l'apport énergétique alimentaire par habitant, et tient compte de variables-indicateurs pour le mois au cours duquel l'enquête a été menée, afin de corriger les variations saisonnières. Cette régression peut être écrite sous la forme de l'équation suivante:

$$PPC_i = \beta_0 + \beta_1 * \log(inc_i) + \beta_2 Month_{1,i} + \beta_3 Month_{2,i} + \cdots + \beta_m Month_{m-1,i}$$

où PPC_i est l'apport énergétique alimentaire par habitant pour le ménage i, β_0 est un terme d'intersection, β_1 est un paramètre de régression qui définit la relation linéaire entre le log du revenu et la consommation alimentaire, et $Month_{j,i}$ est une variable-indicateur dont la valeur est 1 si l'enquête pour le ménage i a été menée au cours du mois j. La variabilité de la consommation alimentaire imputable au revenu est ensuite calculée à partir des valeurs de la régression après correction des variations saisonnières.

Nouvelle estimation des coefficients de variation indirects
La procédure décrite jusqu'ici est suivie dans les pays où l'on dispose d'une ou de plusieurs enquêtes nationales fiables menées auprès des ménages. Lorsque ce n'est pas le cas, on utilise ce qu'on appelle des estimations indirectes de la variabilité de la consommation alimentaire. On a estimé les coefficients de variation indirects en utilisant les relations entre les coefficients de variation tirés des données des enquêtes menées auprès des ménages disponibles et certaines variables macroéconomiques essentielles. Par le passé, on a souvent critiqué la méthode s'appuyant sur l'indicateur PoU parce qu'elle gardait les coefficients de variation – qui rendent compte des inégalités dans la consommation alimentaire – constants au fil du temps pour la plupart des pays[76]. Ce faisant, la méthode ne rend compte ni du progrès économique du pays, ni de l'évolution de la distribution de la consommation alimentaire. Pour régler ce problème, on a, dans le présent rapport, actualisé les estimations indirectes à partir de l'année 2000 en utilisant une relation révisée entre les coefficients de variation imputable au revenu et les variables macroéconomiques qui tient également compte de l'évolution des prix des produits alimentaires.

Pour étudier complètement les effets de l'évolution des prix des produits alimentaires sur l'accès à la nourriture, il faut utiliser des mesures des prix intérieurs. En collaboration avec la Banque mondiale, la FAO a mis au point un indicateur des prix relatifs des produits alimentaires en utilisant des données tirées du Programme de comparaison internationale[77] et des indices des prix à la consommation alimentaire disponibles sur FAOSTAT[78]. L'indicateur est conçu pour rendre compte de l'évolution des prix intérieurs des produits alimentaires en permettant une comparaison dans le temps et entre les pays. On projette vers l'avenir et dans le passé le rapport entre consommation alimentaire et consommation générale en parité de pouvoir d'achat (PPA) au moyen du rapport entre indice des prix à la consommation alimentaire et indice des prix à la consommation générale du pays, par rapport à ceux des États-Unis d'Amérique.

En utilisant l'ensemble de données des coefficients de Gini le plus complet qui soit disponible[79], on a recouru à une régression pour établir le rapport entre la variabilité de la consommation alimentaire imputable au revenu et le log du PIB, le coefficient de Gini et le log de l'indicateur des prix relatifs des produits alimentaires. Les indicateurs du PIB et des prix relatifs des produits alimentaires sont inclus sur l'échelle logarithmique, ce qui signifie que des changements dans ces variables dans les valeurs faibles auront une incidence plus forte sur le coefficient de variation imputable au revenu. Pour permettre la comparaison entre pays à différents moments, on a utilisé le PIB par habitant en dollars internationaux constants de 2005 en PPA, calculé par la Banque mondiale. On a inclus des indicateurs régionaux pour l'Afrique, les Amériques, l'Asie et l'Asie de l'Ouest. On a inclus un terme d'interaction entre le PIB et l'indicateur des prix relatifs des produits alimentaires pour pouvoir rendre compte des effets différents du prix des produits alimentaires à des niveaux de PIB différents. Puisque l'on dispose de plusieurs observations – plus d'une enquête – pour certains pays, on a eu recours à une régression pondérée dans laquelle chaque observation s'est vu attribuer une pondération équivalant à l'inverse du nombre d'enquêtes pour ce pays.

Avec les paramètres de la régression décrite ci-avant, on a actualisé la variabilité de la consommation alimentaire imputable au revenu pour les pays pour lesquels des coefficients de Gini et des données sur les prix relatifs des produits alimentaires et le PIB sont disponibles. On notera que les coefficients de Gini présentés dans la base de données de la Banque mondiale diffèrent selon qu'ils sont calculés par rapport au ménage ou à l'individu, à la consommation ou aux dépenses, et au revenu brut ou net – des différences qui peuvent compliquer la comparaison entre les différents types de coefficients de Gini[80]. Pour cette raison, on a pris soin d'utiliser un seul type de coefficient de Gini dans un seul et même pays; par ailleurs, pour préserver la comparabilité entre les pays, on a utilisé uniquement les changements relatifs dans les valeurs prédites de la régression pour actualiser le paramètre de coefficient de variation. Les actualisations qui en découlent tiennent compte des progrès économiques du pays ainsi que de l'évolution des prix relatifs des produits alimentaires, ce qui permet de brosser un tableau plus complet des inégalités dans la consommation alimentaire.

Nouveau calcul de la variabilité imputable aux besoins énergétiques

Pour obtenir la variabilité totale de la consommation alimentaire qui sert à calculer le PoU, on additionne la variabilité imputable au revenu ($CV|y$) et la variabilité imputable à tous les autres facteurs qui ne sont pas corrélés au revenu ($CV|r$):

$$CV(x) = \sqrt{(CV|y)^2 + (CV|r)^2}$$

Une grande part de la variabilité orthogonale au revenu est imputable aux différences dans les besoins énergétiques, lesquels sont à leur tour fonction pour une grande part de la structure de la population ainsi que des niveaux d'activité physique, des styles de vie, de l'accès à une eau potable et des progrès réalisés dans les soins de santé et la lutte contre les maladies. Les analyses précédentes ont montré que cette sous-composante variait peu entre les pays et dans le temps, comparativement à la composante revenu, et la variabilité imputable aux besoins a été maintenue à une valeur fixe.

Pour rendre compte de l'évolution rapide de la composition de la population mondiale[81], on a calculé des estimations par pays, variant dans le temps, pour la variabilité de la consommation alimentaire imputable aux besoins énergétiques. En utilisant les estimations pour les besoins énergétiques alimentaires moyens en fonction du sexe et de la tranche d'âge[82], que l'on pondère avec les ratios démographiques correspondants[83], on estime la variance imputable aux besoins pour un pays donné dans une année donnée. Des travaux sont en cours en vue de rendre compte de la part restante de la variabilité orthogonale au revenu. La révision présentée ici permet d'obtenir des estimations de la variabilité de la consommation alimentaire qui traduisent plus justement les différences démographiques entre les pays et l'évolution démographique au sein d'un seul et même pays.

Estimation du seuil des besoins énergétiques alimentaires minimaux

Pour calculer le seuil des besoins énergétiques alimentaires minimaux (MDER), la FAO se sert des besoins énergétiques normalisés établis à partir des résultats de la consultation d'experts conjointe entre la FAO, l'OMS et l'Université des Nations Unies qui s'est tenue en 2001. On établit ces normes en calculant les besoins du métabolisme de base – c'est-à-dire la dépense d'énergie du corps humain au repos – que l'on multiplie par un facteur tenant compte de l'activité physique, appelé indice du niveau d'activité physique (NAP).

L'efficience métabolique et le niveau d'activité physique étant variables au sein de groupes d'individus de mêmes âge et sexe, les besoins énergétiques de ces groupes sont exprimés sous la forme de plages. Pour définir le seuil des besoins énergétiques alimentaires minimaux, on détermine la borne inférieure de chaque plage pour les adultes et les adolescents à partir de la distribution des poids corporels idéaux et du point médian des valeurs de l'indice NAP (niveau d'activité physique) associé à un style de vie sédentaire (1,55). Pour une taille donnée, le plus faible poids corporel compatible avec une bonne santé est estimé sur la base du cinquième percentile de la distribution des indices de masse corporelle au sein des populations en bonne santé.

Une fois les besoins minimaux établis pour chaque groupe d'individus de mêmes sexe et âge, on calcule le seuil des besoins énergétiques alimentaires minimaux à l'échelle de la population sous la forme d'une moyenne pondérée par la fréquence relative des individus dans chaque groupe. L'option consistant à définir le seuil en référence à une activité physique légère (normalement associée à un style de vie sédentaire) ne nie pas le fait que la population compte également des personnes qui ont une activité physique modérée ou intense. Elle constitue simplement un moyen d'éviter de surestimer l'insuffisance alimentaire lorsque seuls sont observés les niveaux de consommation alimentaire, et qu'il est impossible de les ajuster individuellement en tenant compte des besoins variables.

Une erreur fréquente lors de l'évaluation de l'insuffisance alimentaire à partir des données sur la consommation alimentaire consiste à prendre le point médian de la plage globale des besoins alimentaires comme seuil pour déterminer l'inadéquation des apports énergétiques dans la population. Ce raisonnement introduit un biais grossier: même dans les groupes composés uniquement de personnes ayant une alimentation adéquate, la moitié environ de ces dernières présenteront des niveaux d'absorption inférieurs aux besoins moyens en raison d'une faible activité physique. Utiliser les besoins moyens comme seuil déboucherait certainement sur une surestimation car tous les individus jouissant d'une alimentation adéquate, mais présentant des besoins inférieurs à la moyenne, seraient classés à tort comme sous-alimentés[84].

La FAO actualise tous les deux ans la valeur du seuil correspondant aux besoins énergétiques alimentaires minimaux, à partir des révisions régulières des évaluations démographiques effectuées par la Division de la population des Nations Unies, ainsi que des données sur la taille des personnes dans différentes populations, données issues de diverses sources, en particulier le projet Monitoring and Evaluation to Assess and Use Results of the Demographic and Health Surveys coordonné par l'Agence des États-Unis pour le développement international (USAID). La présente édition de *L'État de l'insécurité alimentaire dans le monde* utilise des estimations démographiques actualisées tirées de la révision 2012, publiée par la Division de la population des Nations Unies en juin 2013. En l'absence de données sur les tailles, on se réfère aux données publiées par des pays composés majoritairement d'ethnies similaires, ou à des modèles qui se servent d'informations parcellaires pour estimer la taille de différentes classes d'individus de mêmes sexe et âge.

■ Limites de la méthode et critiques fréquentes

La méthode que la FAO utilise pour estimer la sous-alimentation fait depuis longtemps l'objet d'un vaste débat. Elle connaît plusieurs limites, qu'il faut reconnaître et dont il faut tenir compte lorsque l'on analyse les résultats présentés dans ce rapport.

Premièrement, l'indicateur se fonde sur une définition étroite de la faim, qui couvre seulement l'insuffisance chronique, persistant pendant plus d'un an, de l'apport énergétique alimentaire. L'apport énergétique est un aspect très particulier de l'insécurité alimentaire, qui s'applique lorsque la situation est plus grave. Les individus qui éprouvent des difficultés à obtenir une nourriture suffisante vont probablement se tourner vers des sources d'énergie moins chères, et compromettre ainsi la qualité de leur alimentation d'une façon susceptible d'engendrer des dégâts importants[85]. Pour répondre à cette critique, la FAO propose un ensemble d'indicateurs de la sécurité alimentaire depuis l'édition 2013 de *L'État de l'insécurité alimentaire dans le monde*. Cet ensemble comprend des indicateurs qui traduisent une conception plus large de l'insécurité alimentaire et de la faim, et qui permettent d'en étudier les multiples facettes.

Deuxièmement, l'indicateur PoU ne permet pas de rendre compte des fluctuations, au cours d'une seule et même année, de la capacité des individus à tirer assez d'énergie de leur alimentation, fluctuations qui peuvent engendrer des tensions importantes pour la population. Ces fluctuations peuvent aussi nuire à la qualité du régime alimentaire, puisque les consommateurs se tourneront vers des aliments moins chers lorsqu'ils auront plus de mal à accéder aux aliments.

Troisièmement, la méthode de calcul de la sous-alimentation de la FAO ne permet pas de tenir compte des biais qui pourraient exister dans la distribution des aliments au sein des ménages[86], découlant par exemple des habitudes culturelles ou des habitudes ou croyances fondées sur le sexe. Comme on l'a vu, les paramètres qui décrivent la distribution des aliments au sein de la population sont tirés d'enquêtes menées au niveau des ménages, et non d'informations concernant les individus.

Enfin, et c'est important, la méthode de calcul de la prévalence de la sous-alimentation de la FAO ne fournit pas d'informations sur la gravité de l'insécurité alimentaire que vit une population. Le modèle décrit dans la présente annexe permet seulement d'estimer la proportion de la population qui souffre de sous-alimentation, mais ne dit rien quant à la composition de la sous-alimentation dans cette partie de la population.

Dans le débat sur la mesure de la sous-alimentation, la méthode de la FAO fait souvent l'objet de deux critiques:
- L'indicateur sous-estime la sous-alimentation, puisqu'il s'appuie sur l'hypothèse d'un niveau d'activité physique associé à un style de vie sédentaire, alors que les personnes à bas revenu ont souvent des activités physiquement exigeantes.
- La méthode s'appuie sur des macro-données, alors que ce sont les micro-données tirées des enquêtes qui permettent de mesurer avec exactitude la consommation alimentaire.

Concernant la première critique, il faudrait, idéalement, évaluer la sous-alimentation au niveau de l'individu en comparant les besoins énergétiques individuels et les apports énergétiques individuels. On pourrait ainsi dire, pour chaque individu de la population, s'il est sous-alimenté ou non. Cette approche n'est toutefois pas envisageable, pour deux raisons: premièrement, il est impossible d'observer en pratique les besoins énergétiques individuels avec les méthodes classiques de collecte de données; deuxièmement, la consommation individuelle n'est pour l'heure mesurée avec précision que dans quelques pays, et pour des échantillons relativement restreints. Les données sur la consommation individuelle que l'on peut estimer au moyen des enquêtes nationales menées auprès des ménages sont pour une grande part des approximations, en raison des disparités dans la répartition de la nourriture au sein des ménages, de la variabilité des besoins énergétiques individuels et de la variabilité de la consommation alimentaire d'un jour sur l'autre, laquelle pouvant être due à des facteurs indépendants de l'insécurité alimentaire. La FAO a donc choisi d'estimer le PoU en faisant référence à la population dans son ensemble, synthétisée au moyen d'un individu représentatif, et de combiner les micro-données disponibles sur la consommation alimentaire avec les macro-données. S'agissant des besoins énergétiques, lorsque l'on considère la population dans son ensemble, les différences de poids, d'efficacité métabolique et d'activité physique d'un individu à l'autre font qu'il existe une plage de valeurs compatibles avec un bon état de santé. Il s'ensuit qu'au sens probabiliste, seules les valeurs inférieures au minimum d'une telle plage peuvent être associées à une sous-alimentation. Ainsi, pour que le PoU indique qu'un individu sélectionné au hasard dans une population est sous-alimenté, il est nécessaire de choisir comme seuil la borne inférieure de la plage de valeurs correspondant aux besoins énergétiques.

Concernant la deuxième critique, la méthode de la FAO combine en fait les micro-données disponibles sur la consommation alimentaire, tirées des enquêtes, et les macro-données tirées des bilans alimentaires. Les bilans alimentaires donnent des informations sur la quantité de nourriture disponible à la consommation, compte tenu de toutes les autres utilisations possibles des produits alimentaires. Ils fournissent donc des mesures approximatives de la consommation par habitant, qui sont disponibles pour un grand nombre de pays et que l'on peut comparer. La méthode de calcul de ces données est en cours de révision, tout comme les estimations des paramètres relatifs aux déchets que l'on utilise pour estimer l'apport énergétique alimentaire; ces données devraient donc gagner en exactitude dans les années à venir. Les données des enquêtes, lorsqu'elles sont disponibles et fiables, servent, dans la méthode de la FAO, au calcul des paramètres de variabilité (CV) et d'asymétrie (SK) qui caractérisent la distribution de la consommation alimentaire $f(x)$. Il est donc essentiel, pour obtenir des mesures plus exactes de la sous-alimentation, d'améliorer les enquêtes menées auprès des ménages qui recueillent des informations sur la consommation alimentaire. Pour ce faire, il faudra favoriser l'harmonisation de ces enquêtes et affiner celles-ci afin de pouvoir rendre compte de l'apport alimentaire au niveau de l'individu. Pour l'heure, peu d'enquêtes rendent compte avec exactitude de la consommation alimentaire habituelle au niveau de l'individu et recueillent assez d'informations sur les caractéristiques anthropométriques et sur les niveaux d'activité de chaque personne interrogée. Autrement dit, peu d'études permettraient d'estimer le seuil à utiliser au niveau individuel concernant les besoins énergétiques.

Enfin, la qualité des estimations du PoU dépend beaucoup de celle des données sur lesquelles s'appuient ces estimations. Dès lors, pour obtenir de meilleures estimations de la sous-alimentation, il est important d'améliorer les données sur la consommation alimentaire en concevant et en menant des enquêtes qui soient représentatives au niveau national et de bonne qualité et qui permettent des comparaisons dans le temps et entre les pays.

Critères pays qui ont atteint l'OMD 1c concernant la faim et l'objectif du Sommet mondial de l'alimentation de 1996

Donnant suite à la recommandation du Comité de la sécurité alimentaire mondiale (CSA)[87], des pays ont atteint les deux objectifs qui avaient été définis sur la base du nombre de personnes sous-alimentées et du PoU.

L'objectif du Sommet mondial de l'alimentation de 1996 est défini dans la Déclaration de Rome sur la sécurité alimentaire mondiale[88], par laquelle les représentants de 182 gouvernements se sont engagés à «éradiquer la faim dans tous les pays et, dans l'immédiat, de réduire de moitié le nombre des personnes sous-alimentées d'ici à 2015 au plus tard». La FAO s'est appuyée sur des estimations du nombre de personnes sous-alimentées pour suivre les progrès accomplis dans ce sens.

Quand les Objectifs du Millénaire pour le développement (OMD) ont été définis, des indicateurs ont été élaborés pour chacun de ces objectifs afin de procéder au suivi des progrès accomplis aux niveaux national et mondial. La période de référence a été fixée de 1990 à 2015, soit un intervalle de 25 ans. Le premier objectif (OMD 1) comprend trois cibles distinctes:
- réduire de moitié la pauvreté dans le monde;
- assurer le plein emploi et la possibilité pour chacun de trouver un travail décent et productif; et
- réduire de moitié, d'ici à 2015, la proportion de la population qui souffre de la faim.

L'indicateur pour le troisième objectif – cible 1c – est l' indicateur de prévalence de la sous-alimentation (PoU).

La FAO a commencé à suivre les progrès accomplis en vue de l'objectif du SMA et de la cible 1c (volet de l'OMD 1 relatif à la faim) à la fin des années 90, en utilisant la période triennale 1990-1992 comme point de départ. Ces deux objectifs doivent être atteints d'ici à la fin 2015. Afin d'assurer une cohérence avec l'intervalle de temps fixé initialement et avec la définition des Objectifs du Millénaire pour le développement, on a évalué les progrès accomplis jusqu'à une période moyenne triennale centrée sur 2015, à savoir l'intervalle 2014-2016.

Par ailleurs, l'accomplissement de tous les OMD devrait être évalué pour l'intervalle de 25 ans allant de 1990 à 2015. Or, pour le PoU, les observations n'étaient disponibles que pour la période de 24 ans allant de 1990-1992 à 2014-2016. Pour corriger le décalage qui en résulterait, on a modifié, en appliquant un coefficient de 24/25, le chiffre correspondant à la réduction de moitié du nombre de personnes sous-alimentées et le PoU visés respectivement par l'objectif du SMA et par le volet 1c (faim) de l'OMD 1, ce qui revient concrètement à ramener le niveau limite à 48 pour cent.

Glossaire de termes utilisés dans le rapport

Adéquation des disponibilités énergétiques alimentaires. Disponibilités énergétiques alimentaires en pourcentage des besoins énergétiques alimentaires moyens.

Anthropométrie. Utilisation de mesures du corps humain pour obtenir des informations sur l'état nutritionnel.

Apport énergétique alimentaire. Quantité d'énergie fournie par la nourriture consommée.

Besoins énergétiques alimentaires. Quantité d'énergie alimentaire nécessaire pour entretenir les fonctions vitales, être en bonne santé et avoir une activité normale.

Besoins énergétiques alimentaires minimaux. Quantité d'énergie alimentaire jugée suffisante pour couvrir les besoins énergétiques d'une personne présentant un IMC égal au minimum acceptable et ayant une faible activité physique. Ce chiffre est défini pour une catégorie donnée d'individus de la même tranche d'âge et du même sexe. À l'échelle d'une population, les besoins énergétiques minimaux sont la moyenne pondérée des besoins énergétiques minimaux des différents groupes d'âge des deux sexes. Ils sont exprimés en kilocalories par personne et par jour.

Dénutrition. Résultat d'une sous-alimentation, d'une mauvaise absorption ou d'une assimilation imparfaite des nutriments consommés, en raison de maladies infectieuses répétées. Elle comprend les cas d'insuffisance pondérale par rapport à l'âge, de taille trop petite par rapport à l'âge (retard de croissance), de maigreur dangereuse par rapport à la taille (émaciation) et de carences en vitamines et en minéraux (malnutrition par carence en micronutriments).

Disponibilités énergétiques alimentaires (DEA). Quantité d'énergie fournie par les denrées disponibles pour l'alimentation humaine, exprimée en kilocalories par personne et par jour (kcal/personne/jour). À l'échelon d'un pays, elles correspondent aux denrées disponibles pour l'alimentation humaine après déduction des produits alimentaires utilisés à d'autres fins (DEA = production + importations + prélèvements sur les stocks – exportations – utilisation industrielle – alimentation des animaux – semences – pertes – approvisionnement des stocks). Par «pertes», on entend la quantité de denrées utilisables perdue le long des chaînes de distribution entre l'exploitation (ou le port d'importation) et les points de vente au détail.

Émaciation. État caractérisé par un poids insuffisant par rapport à la taille, résultant généralement de la perte de poids associée à une période récente de privation de nourriture ou de maladie (processus de dépérissement).

État nutritionnel. État physiologique d'un individu, résultant des interactions entre les apports et les besoins en nutriments, et de l'aptitude de l'organisme à digérer, absorber et assimiler ces nutriments.

Faim. Dans le présent rapport, terme employé comme synonyme de «sous-alimentation chronique».

Indice de masse corporelle (IMC). Mesure de la corpulence obtenue en divisant le poids en kilogrammes par la taille en mètres élevée au carré.

Insécurité alimentaire. Situation dans laquelle se trouvent les individus ne disposant pas d'un accès garanti à des aliments sains et nutritifs en quantité suffisante pour permettre une croissance et un développement normaux et une vie active et saine. Elle peut être due à une pénurie de denrées alimentaires, à la faiblesse du pouvoir d'achat, à des problèmes de distribution ou à une mauvaise utilisation des aliments au niveau du ménage. L'insécurité alimentaire fait partie des causes principales d'un état nutritionnel altéré, au même titre que les problèmes de santé, les mauvaises conditions d'assainissement et les pratiques inadaptées en matière de soins et d'alimentation. Elle peut être chronique, saisonnière ou transitoire.

Insuffisance pondérale. État caractérisé par un poids insuffisant par rapport à l'âge chez les enfants et un IMC inférieur à 18,5 chez les adultes, et s'expliquant par un apport alimentaire inadéquat, des épisodes antérieurs de dénutrition ou une mauvaise santé.

Intervention tenant compte de la nutrition. Intervention conçue pour agir sur les facteurs de fond ayant une influence sur la nutrition (sécurité alimentaire des ménages, soins maternels et infantiles, services de soins de santé primaires et assainissement), mais n'ayant pas nécessairement la nutrition comme objectif prédominant.

Kilocalorie (kcal). Unité de mesure de l'énergie. Une kilocalorie vaut 1 000 calories. Dans le Système international d'unités, l'unité universelle d'énergie est le joule (J). Une kilocalorie est égale à 4,184 kilojoules (kJ).

Macronutriments. Dans le présent document, protéines, glucides et lipides susceptibles d'être transformés en énergie. Ils sont mesurés en grammes.

Malnutrition. État physiologique anormal causé par une consommation de macronutriments ou de micronutriments carencée, déséquilibrée ou excessive. La malnutrition englobe la dénutrition et la surnutrition ainsi que les carences en micronutriments.

Micronutriments. Vitamines, minéraux et autres substances dont l'organisme a besoin en petites quantités. Ils sont mesurés en milligrammes ou en microgrammes.

Retard de croissance. Taille insuffisante par rapport à l'âge, indiquant que le sujet a traversé par le passé un ou plusieurs épisodes prolongés de dénutrition.

Sécurité alimentaire. Situation dans laquelle chacun a, à tout moment, un accès matériel, social et économique à une nourriture suffisante, saine et nutritive de nature à satisfaire ses besoins et préférences alimentaires et peut ainsi mener une vie saine et active. Partant de cette définition, il est possible de dégager les quatre dimensions de la sécurité alimentaire suivantes: disponibilités alimentaires, accès économique et matériel à la nourriture, utilisation des aliments et stabilité dans le temps.

Sécurité nutritionnelle. Situation dans laquelle tous les membres des ménages ont un accès garanti à une alimentation suffisamment nutritive et, en même temps, à un environnement salubre et à des services de santé et des soins propres à leur assurer une vie saine et active. La sécurité nutritionnelle se distingue de la sécurité alimentaire en ce sens qu'elle tient compte des pratiques de soins, de la santé et de l'hygiène en plus de l'adéquation des régimes alimentaires.

Sous-alimentation. État, se prolongeant pendant au moins un an, dans lequel se trouve une personne qui ne parvient pas à se procurer assez de nourriture. La sous-alimentation se définit comme un niveau d'apport alimentaire insuffisant pour satisfaire les besoins énergétiques alimentaires. Dans le cadre du présent rapport, la faim a été définie comme synonyme de la sous-alimentation chronique.

Suralimentation. Apport alimentaire dépassant en permanence les besoins énergétiques alimentaires.

Surcharge pondérale (ou surpoids) et obésité. Poids supérieur à la normale compte tenu de la taille, en raison d'une accumulation excessive de graisse, laquelle indique généralement une suralimentation. On considère qu'il y a surcharge pondérale lorsque l'IMC est supérieur à 25 et inférieur à 30, et obésité lorsque l'IMC est supérieur ou égal à 30.

Surnutrition. Résultat d'apports alimentaires excessifs par rapport aux besoins en nutriments.

1 La proportion de personnes sous-alimentées dans la population totale est un indicateur connu sous le nom de «prévalence de la sous-alimentation» (PoU). Voir les annexes 2 et 3 du présent rapport pour de plus amples informations.

2 Il s'agit ici des régions en développement telles qu'elles ont été définies par le système M49 de l'ONU pour classer les pays (voir http://unstats.un.org/unsd/methods/m49/m49regin.htm). Les pays compris dans ces régions figurent également au tableau A1 de l'annexe 1.

3 Si l'on exclut la Chine et l'Inde de l'ensemble des régions en développement, la réduction de la sous-alimentation suit une tendance à la baisse plus stable et continue. La Chine et l'Inde représentent 81 pour cent de la réduction totale du nombre de personnes sous-alimentées dans les régions en développement entre 1990-1992 et 2014-2016, et la Chine, à elle seule, compte pour près des deux tiers.

4 Déclaration de Rome sur la sécurité alimentaire mondiale, adoptée au Sommet mondial de l'alimentation, qui s'est tenu à Rome les 13-17 novembre 1996.

5 Il s'agit de la cible 1c de l'objectif 1 (OMD 1) du Millénaire pour le développement (voir http://www.un.org/millenniumgoals/).

6 Voir l'annexe 2 pour de plus amples détails sur le calcul des progrès accomplis par rapport à la cible 1c des OMD et l'objectif du SMA de 1996. La période 1990-1992 a été choisie comme période de référence pour l'évaluation de ces progrès, qui a été commencée par la FAO à la fin des années 90. Les cibles liées aux objectifs du SMA et de l'OMD 1 doivent être atteintes d'ici la fin de 2015. Pour des raisons de cohérence, les progrès ont été évalués par rapport à une moyenne de trois ans dont le point médian est 2015, c'est-à-dire 2014-2016. La réalisation des OMD est censée être évaluée sur la période de 25 ans qui va de 1990 à 2015, mais comme les observations ne sont disponibles que pour la période de 24 ans allant de 1990-1992 à 2014-2016, le changement de 50 pour cent nécessaire pour atteindre les objectifs a dû être ajusté par un facteur de 24/25, ce qui correspond à une réduction de 48 pour cent de la prévalence de la sous-alimentation par rapport à 1990-1992.

7 La part de l'Afrique subsaharienne est passée de 45 pour cent à plus de 60 pour cent.

8 C'est le cas si la région est considérée hors Soudan, qui a été récemment ajouté à la sous-région Afrique du Nord après la partition du pays, quand le Soudan du Sud est devenu un État indépendant en 2011.

9 Voir la note 6 et l'annexe 2 pour de plus amples informations sur l'évaluation des pays qui ont atteint la cible 1c de l'OMD 1 et les objectifs du SMA.

10 Cette région est appelée «Afrique centrale» dans la classification M49 des pays adoptée par l'Organisation des Nations Unies (http://unstats.un.org/unsd/methods/m49/m49regin.htm) pour la liste complète et tableau A1 de l'annexe 1.

11 Les taux de croissance annuels actuels sont, par exemple, de 2,5 pour cent en Gambie et au Ghana; de 2,6 pour cent en Mauritanie et au Togo; de 2,7 pour cent au Bénin et au Cameroun ; de 2,9 pour cent au Malawi, au Mali, au Mozambique, au Nigéria et à Sao Tomé-et-Principe; et de 3,2 pour cent en Angola. Voir *Population Reference Bureau. 2014. Fiche de données sur la population mondiale 2014* (voir http://www.prb.org/Publications/Datasheets/2014/2014-world-population-data-sheet/data-sheet.aspx).

12 Suite à la scission de l'ancien Soudan en deux pays en 2011, le Soudan du Sud a été classé dans l'Afrique subsaharienne, tandis que le Soudan a été ajouté à l'Afrique du Nord. Afin d'évaluer correctement les progrès accomplis entre 1990-1992 et 2014-2016, le Soudan n'a pas été placé dans la région Afrique du Nord comme indiqué à la figure 4 et au tableau A1 de l'annexe 1.

13 Voir notamment l'étude de cas sur le Tadjikistan dans l'édition 2013 de ce rapport.

14 Voir notamment l'étude de cas sur le Yémen dans l'édition 2014 de ce rapport.

15 FAO/ECLAC/ALADI. 2015. *Plan de la Communauté des États d'Amérique latine et des Caraïbes en faveur de la sécurité alimentaire, de la nutrition et de l'élimination de la faim d'ici à 2025*. Résumé (en anglais: http://www.fao.org/fileadmin/user_upload/rlc/docs/celac/ENG_Plan_CELAC_2025.pdf).

16 Voir notamment l'étude de cas sur Haïti dans l'édition 2014 de ce rapport.

17 Le cyclone Pam qui a frappé le Vanuatu avec des vents atteignant les 270 km/h était un cyclone de catégorie 5, le deuxième cyclone le plus puissant à s'être formé dans la région du Pacifique Sud.

18 Du point de vue méthodologique, la couverture géographique est une des différences les plus évidentes: l'insuffisance pondérale n'est mesurée que chez les enfants de moins de cinq ans tandis que la mesure de la sous-alimentation est étendue à l'ensemble de la population. D'autres différences tiennent à la manière dont sont recueillies les données relatives à chaque indicateur. La taille et le poids des enfants sont directement mesurés lors d'enquêtes auprès des ménages, alors que la disponibilité d'aliments en quantité suffisante et l'accès à ces aliments sont mesurés au moyen d'un modèle statistique qui exploite de nombreuses sources de données (voir l'annexe 2).

19 Le suivi de l'insuffisance pondérale chez les enfants de moins de cinq ans a démarré en 1990, alors que pour la prévalence de la sous-alimentation, le début du suivi remonte à 1990-1992. Les dernières données disponibles pour l'insuffisance pondérale datent de 2013 tandis que la période 2014-2016 sera la dernière période considérée pour la prévalence de la sous-alimentation. Les informations sur ces deux indicateurs ne sont pas disponibles pour les mêmes séries de pays. Par conséquent, les comparaisons portent uniquement sur des données régionales.

20 L'indice du développement humain de la région était, en 1990, de 0,399 alors que la moyenne mondiale s'établissait à 0,597. Voir PNUD. 2014. *Rapport sur le développement humain 2014. Pérenniser le progrès humain : réduire les vulnérabilités et renforcer la résilience.* New York, États-Unis d'Amérique, Tableau 2 (voir http://hdr.undp.org/sites/default/files/hdr14-report-fr.pdf).

21 La part du PIB consacrée aux dépenses de santé en Afrique subsaharienne était inférieure de trois pour cent à celle du monde (6 pour cent contre 9 pour cent).

22 Pour un résumé du débat sur ce point, voir N. Alexandratos et J. Bruinsma. 2012. *World agriculture towards 2030/2050: the 2012 revision.* ESA Working paper No. 12-03. Rome, FAO.

23 Voir FAO. 2015. *Indicateurs de la sécurité alimentaire.* Page web (voir http://www.fao.org/economic/ess/ess-fs/indicateurs-de-la-securite-alimentaire/fr/#.VTt-ISHtmko).

24 P. Karfakis, G. Rapsomanikis et E. Scambelloni. 2015 (à paraître). *The drivers of hunger reduction.* ESA Working Paper. Rome, FAO.

25 Commission sur la croissance et le développement. 2008. *The growth report: strategies for sustained growth and inclusive development.* Washington (États-Unis d'Amérique), Banque mondiale.

NOTES

26 On trouvera une définition des crises prolongées dans FAO et PAM. 2010. *L'État de l'insécurité alimentaire dans le monde 2010: Combattre l'insécurité alimentaire lors des crises prolongées.* Rome, FAO.

27 Voir: La Déclaration de Genève sur la violence armée et le développement 2011. *Global Burden of Armed Violence 2011: lethal encounters.* Genève, Suisse (http://www.genevadeclaration.org/measurability/global-burden-of-armed-violence/global-burden-of-armed-violence-2011.html); et FAO. 2013. *Study suggests 258 000 Somalis died due to severe food insecurity and famine.* Communiqué de presse (voir http://www.fao.org/somalia/news/detail-events/en/c/247642/).

28 J.P. Azevedo, G. Inchauste et V. Sanfelice. 2013. *Decomposing the recent inequality decline in Latin America.* Policy Research Working Paper 6715. Washington (États-Unis d'Amérique), Banque mondiale.

29 FAO, FIDA et PAM. 2012. *L'État de l'insécurité alimentaire dans le monde 2012. La croissance économique est nécessaire mais elle n'est pas suffisante pour accélérer la réduction de la faim et de la malnutrition.* Rome, FAO.

30 Organisation internationale du Travail (OIT). 2012. *Tendances mondiales de l'emploi 2012. Prévenir une aggravation de la crise de l'emploi.* Genève, Suisse.

31 FAO. 2012. *Promouvoir des emplois ruraux décents pour plus de sécurité alimentaire: Raisons d'agir.* Rome.

32 FAO, FIDA et PAM. 2012. *L'État de l'insécurité alimentaire dans le monde 2012. La croissance économique est nécessaire mais elle n'est pas suffisante pour accélérer la réduction de la faim et de la malnutrition.* Rome, FAO; et L. Christiaensen, L. Demery et J. Kuhl. 2011. The (evolving) role of agriculture in poverty reduction: an empirical perspective. *Journal of Development Economics,* 96: 239-254.

33 FAO. 2011. *La Situation mondiale de l'alimentation et de l'agriculture 2010-2011. Le rôle des femmes dans l'agriculture: Combler le fossé entre les hommes et les femmes, pour soutenir le développement.* Rome.

34 N. Kabeer. 2014. *Gender equality and economic growth: a view from below.* Document élaboré pour la réunion du Groupe d'experts de l'ONU Femmes consacrée au thème «Envisioning women's rights in the post-2015 context», New York, 3-5 novembre 2014.

35 International Policy Centre for Inclusive Growth. 2009. *What explains the decline in Brazil's inequality?* One Pager No. 89. Brasilia, Centre international de politiques pour la croissance inclusive, Bureau des politiques du développement du Programme des Nations Unies pour le développement (PNUD) et Gouvernement du Brésil.

36 Gouvernement du Brésil. 2014. *Indicadores de Desenvolvimento Brasileiro 2001-2012.* Brasilia.

37 FAO. 2014. *La Situation mondiale de l'alimentation et de l'agriculture 2014. Ouvrir l'agriculture familiale à l'innovation.* Rome.

38 Les calculs sont fondés sur les données tirées de l'Atlas mondial des écarts de rendement (Global Yield Gap Atlas), une initiative de l'Université du Nebraska-Lincoln, l'Université de Wageningen et Water for Food (voir http://www.yieldgap.org/).

39 Banque mondiale. 2008. *Rapport sur le développement dans le monde 2008. L'agriculture au service du développement.* Washington (États-Unis d'Amérique), et FIDA 2011. *Rapport sur la pauvreté rurale 2011. Nouvelles réalités, nouveaux défis: de nouvelles chances pour la prochaine génération.* Rome.

40 H. Thomas (dir.). 2006. *Trade reforms and food security: country case studies and synthesis.* Rome, FAO.

41 WomenWatch. 2011. *Gender equality and trade policy.* Étude (voir http://www.un.org/womenwatch/feature/trade/gender_equality_and_trade_policy.pdf).

42 E. Magrini, P. Montalbano, S. Nenci et L. Salvatici. 2014. *Agricultural trade policies and food security: is there a causal relationship?* FOODSECURE Working Paper No. 25 (voir http://www3.lei.wur.nl/FoodSecurePublications/25_Salvatici_et_al_Agtrade-policies-FNS.pdf).

43 FAO. 2014. *Policy responses to high food prices in Latin America and the Caribbean: country case studies,* sous la direction de D. Dawe et E. Krivonos. Rome.

44 BIT. 2014. *World Social Protection Report 2014/15. Building economic recovery, inclusive development and social justice.* Genève, Suisse.

45 *Ibid.*

46 Association internationale de la sécurité sociale. 2011. *Africa: a new balance for social security.* Genève, Suisse.

47 U. Gentilini, M. Honorati, et R. Yemtsov. 2014. *The State of Social Safety Nets 2014.* Washington (États-Unis d'Amérique), Banque mondiale.

48 Conférence internationale du travail 2012. Recommandation no 202 concernant les socles nationaux de protection sociale (voir http://www.ilo.org/brussels/WCMS_183640/lang--fr/index.htm).

49 OIT, 2014 (voir note 44).

50 A. Fiszbein, R. Kanbur et R. Yemtsov. 2014. Social protection and poverty reduction: global patterns and some targets. *World Development,* 61(1): 167-177.

51 PAM 2012. *Bangladesh food security for the ultra poor: lessons learned report 2012.* Rome.

52 M. Madajewicz, A.H. Tsegay et M. Norton. 2013. *Managing risks to agricultural livelihoods: impact evaluation of the HARITA Program in Tigray, Ethiopia, 2009-2012.* Boston (États-Unis d'Amérique), Oxfam America; et FAO. 2014. *The economic impacts of cash transfer programmes in sub-Saharan Africa.* From Protection to Production Policy Brief (voir http://www.fao.org/3/a-i4194e.pdf).

53 *The Lancet.* 2013. Maternal and Child Nutrition series. *The Lancet,* 382(9890); et The Transfer Project. 2015. *The broad range of cash transfer impacts in sub-Saharan Africa: consumption, human capital and productive activity.* Research brief (voir http://ovcsupport.net/wp-content/uploads/2015/03/TP-Broad-Impacts-of-SCT-in-SSA_NOV-2014.pdf).

54 Voir par exemple M. Van den Bold, A. Quisumbing et S. Gillespie. *Women's empowerment and nutrition.* IFPRI Discussion Paper No. 01294. Washington (États-Unis d'Amérique), Institut international de recherche sur les politiques alimentaires (IFPRI).

55 H. Alderman et M. Mustafa. 2013. *Social protection and nutrition.* Note élaborée pour la réunion technique préparatoire de la Conférence sur la nutrition (CIN2), Rome, 13-15 novembre 2013. Rome, FAO et Organisation mondiale de la Santé.

56 A. Harmer et J. Macrae (dir.). 2004. *Beyond the continuum: aid policy in protracted crises.* HPG Report No.18, p. 1. Londres, Overseas Development Institute.

57 Les critères permettant de déterminer si un pays est en situation de crise prolongée sont les suivants: i) la longévité de la crise: présence du pays sur la liste du Système

mondial d'information et d'alerte rapide (SMIAR) pendant au moins huit des dix dernières années; ii) les flux d'aide: au moins 10 pour cent du total de l'aide publique officielle au développement reçue sous forme d'aide humanitaire (entre 2000 et 2010); iii) l'état de la sécurité économique et alimentaire: pays figurant sur la liste des pays à faible revenu et à déficit vivrier. Il faut tenir compte du fait que la méthode utilisée pour l'édition 2010 de *L'État de l'insécurité alimentaire dans le monde* (voir note 26) s'appuie sur trois critères mesurables choisis parmi les différents critères possibles et que la liste qui y est présentée n'est pas définitive.

58 La liste actualisée des pays en situation de crise prolongée comprend les pays suivants: Afghanistan, Burundi, Congo, Côte d'Ivoire, Érythrée, Éthiopie, Guinée, Haïti, Iraq, Kenya, Libéria, Ouganda, République centrafricaine, République démocratique du Congo, République populaire démocratique de Corée, Sierra Leone, Somalie, Soudan, Tchad et Zimbabwe.

59 P. Pingali, L. Alinovi et J. Sutton. 2005. Food security in complex emergencies: enhancing food system resilience. *Disasters*, 29(51): S5-S24.

60 Forum d'experts de haut niveau (FAO). 2012. *Food insecurity in protracted crises – an overview*. Note d'information préparée en vue du Forum d'experts de haut niveau sur l'insécurité alimentaire pendant les crises prolongées, Rome, Italie, 13-14 septembre 2012.

61 Liste des pays ayant besoin d'une aide extérieure figurant dans le Système mondial d'information et d'alerte rapide sur l'alimentation et l'agriculture (SMIAR) (Voir http://www.fao.org/Giews/english/hotspots/index.htm).

62 Des activités sont en cours pour arrêter un nouveau pacte visant à gérer plus efficacement les risques en situation de crise récurrente ou prolongée: le Pacte du Bosphore. Ce pacte devrait être lancé en mai 2016 lors du Sommet mondial sur l'aide humanitaire.

63 Liste du SMIAR (voir la note 61).

64 J. Adoko et S. Levine. 2004. *Land matters in displacement: the importance of land rights in Acholiland and what threatens them*. Kampala, Organisations de la société civile pour la paix dans le nord de l'Ouganda.

65 Programme des Nations Unies pour le développement (PNUD). 2012. *Rapport sur le développement en Afrique 2012. Vers une sécurité alimentaire durable*. New York, États-Unis d'Amérique.

66 FAO et PAM, 2010 (voir note 26).

67 FAO. 1996. *La sixième Enquête mondiale sur l'alimentation*. Rome.

68 C. Cafiero. 2012. *Advances in hunger measurement*. Exposé fait lors du Colloque scientifique international sur la sécurité alimentaire et nutritionnelle: Des mesures valables à une prise de décision efficace. Rome, Siège de la FAO, 17-19 janvier 2012.

69 N. Wanner, C. Cafiero, N. Troubatet et P. Conforti. 2014. *Refinements to the FAO methodology for estimating the prevalence of undernourishment indicator*. Division de la statistique de la FAO, document de travail ESS / 14-05 (voir http://www.fao.org/3/a-i4046e.pdf).

70 Les enquêtes nationales menées auprès des ménages comprennent des enquêtes sur le revenu et les dépenses des ménages, des enquêtes sur le budget des ménages et des études sur la mesure des niveaux de vie.

71 J. Gustavsson, C. Cederberg, U. Sonesson, R. van Otterdijk et A. Meybeck. 2011. *Global food losses and food waste: Extent, causes and prevention*. Rome, FAO.

72 Les données des bilans alimentaires sont disponibles jusqu'à l'année 2013 pour les pays suivants: Afghanistan, Algérie, Angola, Bangladesh, Belize, Brésil, Burkina Faso, Chine, Colombie, Côte d'Ivoire, Éthiopie, Guatemala, Haïti, Inde, Indonésie, Jamaïque, Kenya, Madagascar, Mexique, Mozambique, Myanmar, Népal, Nigéria, Pakistan, Panama, Paraguay, Pérou, Philippines, République dominicaine, République populaire démocratique de Corée, République-Unie de Tanzanie, Soudan, Sri Lanka, Tchad, Thaïlande, Viet Nam, Yémen, Zambie et Zimbabwe. Dans ces pays se trouvent environ 70 pour cent des personnes sous-alimentées recensées dans le rapport sur *L'État de l'insécurité alimentaire dans le monde 2014*.

73 Pour plus de détails, voir N. Wanner, C. Cafiero, N. Troubat et P. Conforti, 2014 (voir la note 69).

74 T.-H. Kim et H. White. 2004. On more robust estimation of skewness and kurtosis. *Finance Research Letters*, 1(1): 56-73.

75 FAO. 2003. *Proceedings: Measurement and Assessment of Food Deprivation and Undernutrition. International Scientific Symposium, Rome, 26-28 juin 2002*. Rome.

76 L.C. Smith. 1998. Can FAO's measure of chronic undernourishment be strengthened? *Food Policy*, 23(5): 425-445.

77 Banque mondiale. 2008. *2005 International Comparison Program: tables of final results*. Washington, États-Unis d'Amérique.

78 Base de données statistiques FAOSTAT (voir http://faostat.fao.org/).

79 Banque mondiale. Base de données All the Ginis (voir http://econ.worldbank.org/projects/inequality).

80 F. Solt. 2009. Standardizing the world income inequality database. *Social Science Quarterly*, 90(2): 231-242.

81 Nations Unies. 2013. *World Population Ageing 2013*. New York, États-Unis d'Amérique.

82 Université des Nations Unies, OMS et FAO. 2004. *Human energy requirements: Report of a Joint FAO/WHO/UNU Expert Consultation. Rome, 17-24 octobre 2001*. FAO Food and Nutrition Technical Report Series No. 1. Rome, FAO.

83 Site web de la Division de la population du Département des affaires économiques et sociales des Nations Unies (voir http://www.un.org/en/development/desa/population/).

84 L. Naiken. 2007. *The probability distribution framework for estimating the prevalence of undernourishment: Exploding the myth of the bivariate distribution*. Division de la statistique de la FAO, document de travail n° ESS/ESSG/009e. Rome, FAO.

85 A. Deaton et J. Drèze. 2009. Food and nutrition in India: facts and interpretations. *Economic and Political Weekly*, XLIV(7): 42-65.

86 P. Svedberg. 1999. 841 million undernourished? *World Development*, 27(12): 2081-2098.

87 Comité de la sécurité alimentaire mondiale. 2001. *L'objectif du Sommet mondial de l'alimentation et les objectifs de développement du Millénaire*. CFS:2001/2-Sup.1, Vingt-septième session, Rome, 28 mai-1er juin 2001, Rome.

88 Déclaration de Rome sur la sécurité alimentaire mondiale (voir la note 4).

Notes de l'annexe 1

Les pays révisent régulièrement leurs statistiques officielles passées et présentes. Il en est de même pour les données démographiques des Nations Unies. Lorsque cela se produit, la FAO corrige ses estimations de la sous-alimentation en conséquence. Les utilisateurs sont donc invités à ne considérer la variation des estimations dans le temps que pour une même édition de *L'État de l'insécurité alimentaire dans le monde* et à ne pas comparer des données publiées dans des éditions correspondant à des années différentes.

Les pays, zones ou territoires pour lesquels on ne disposait pas de suffisamment de données ou pas de données fiables pour réaliser l'estimation n'ont pas été pris en compte. Il s'agit des suivants: Andorre, Anguilla, Antilles néerlandaises, Aruba, Atoll Johnston, Bahreïn, Bhoutan, Burundi, Comores, Dominique, Érythrée, Groenland, Guadeloupe, Guam, Guinée équatoriale, Guyane française, Îles Caïmanes, Îles Canton et Enderbury, Île Christmas, Îles Cook, Îles des Cocos (Keeling), Îles Féroé, Îles Mariannes du Nord, Îles Marshall, Îles Midway, Île Norfolk, Îles Pitcairn, Îles Turques et Caïques, Îles Vierges américaines, Îles Vierges britanniques, Libye, Liechtenstein, Martinique, Micronésie (États fédérés de), Monaco, Nauru, Nioué, Nouvelle-Calédonie, Palaos, Papouasie-Nouvelle-Guinée, Polynésie française, Porto Rico, Qatar, République arabe syrienne, République démocratique du Congo, Réunion, Sahara occidental, Sainte-Hélène, Saint-Kitts-et-Nevis, Saint-Marin, Saint-Pierre-et-Miquelon, Saint-Siège, Samoa américaines, Seychelles, Singapour, Somalie, Tokélaou, Tonga, Tuvalu, Wake, Wallis-et-Futuna.

1. Objectif du Sommet mondial de l'alimentation: réduire de moitié, entre 1990-1992 et 2015, le nombre de personnes sous-alimentées.

2. Objectif du Millénaire pour le développement 1, cible 1c: réduire de moitié, entre 1990-1992 et 2015, la proportion de la population qui souffre de la faim, ou faire passer cette proportion à moins de 5 pour cent. Indicateur 1.9: proportion de la population n'atteignant pas le niveau minimal d'apport calorique (sous-alimentation). Les résultats sont obtenus à l'aide d'une méthode harmonisée, et reposent sur la moyenne sur trois ans des dernières données mondiales disponibles. Certains pays peuvent disposer de données plus récentes qui, si elles étaient utilisées, pourraient donner lieu à des estimations différentes de la prévalence de la sous-alimentation et, partant, des progrès accomplis.

3. Projections.

4. Changement par rapport à la valeur de référence de 1990-1992. Pour les pays qui n'existaient pas pendant la période de référence, la proportion de personnes sous-alimentées de 1990-1992 est celle de 1993-1995, et le nombre de personnes sous-alimentées est calculé en appliquant cette proportion à la population correspondante en 1990-1992. Pour les pays dans lesquels la prévalence estimée de la sous-alimentation est inférieure à 5 pour cent, le changement dans le nombre de personnes sous-alimentées par rapport à la valeur de référence de 1990-1992 est seulement évalué comme suit: cible du SMA atteinte, c'est-à-dire réduction du nombre de plus de moitié (<−50,0 %); progrès, mais insuffisants pour atteindre la cible du SMA, c'est-à-dire réduction du nombre de moins de moitié (>−50,0 %); augmentation du nombre de personnes sous-alimentées (>0,0 %).

5. L'indicateur de couleur montre les progrès qui seront accomplis d'ici à 2014-2016:

Cible SMA		Cible OMD	
▲	Cible SMA non atteinte, ni progrès ni détérioration	🔴	Cible OMD 1c non atteinte, ni progrès ni détérioration
◀▶	Cible SMA non atteinte, de lents progrès	🟡	Cible OMD 1c non atteinte, de lents progrès
▼	Cible SMA en passe d'être atteinte. Sera atteinte avant 2020 si les rythmes observés se maintiennent	⭕	Cible OMD 1c en passe d'être atteinte. Sera atteinte avant 2020 si les rythmes observés se maintiennent
✳	Cible SMA atteinte	🟢	Cible OMD 1c atteinte

Composition des différents groupes de pays:

6. Composition du groupe: Afghanistan, Angola, Bangladesh, Bénin, Burkina Faso, Burundi, Cambodge, Comores, Djibouti, Érythrée, Éthiopie, Gambie, Guinée, Guinée-Bissau, Haïti, Îles Salomon, Kiribati, Lesotho, Libéria, Madagascar, Malawi, Mali, Mauritanie, Mozambique, Myanmar, Népal, Niger, Ouganda, République centrafricaine, République démocratique du Congo, République démocratique populaire lao, République-Unie de Tanzanie, Rwanda, Sao Tomé-et-Principe, Sénégal, Sierra Leone, Somalie, Soudan, Tchad, Timor-Leste, Togo, Vanuatu, Yémen, Zambie.

7. Composition du groupe: Afghanistan, Arménie, Azerbaïdjan, Bolivie (État plurinational de), Botswana, Burkina Faso, Burundi, Éthiopie, ex-République yougoslave de Macédoine, Kazakhstan, Kirghizistan, Lesotho, Malawi, Mali, Mongolie, Népal, Niger, Ouganda, Ouzbékistan, Paraguay, République centrafricaine, République de Moldova, République démocratique populaire lao, Rwanda, Swaziland, Tadjikistan, Tchad, Turkménistan, Zambie, Zimbabwe.

8. Composition du groupe: Antigua-et-Barbuda, Antilles néerlandaises, Bahamas, Barbade, Belize, Cabo Verde, Comores, Cuba, Dominique, Fidji, Grenade, Guinée-Bissau, Guyana, Haïti, Îles Salomon, République dominicaine, Jamaïque, Kiribati, Maldives, Maurice, Nouvelle-Calédonie, Papouasie-Nouvelle-Guinée, République dominicaine, Saint-Kitts-et-Nevis, Saint-Vincent-et-les-Grenadines, Sainte-Lucie, Samoa, Sao Tomé-et-Principe, Seychelles, Suriname, Timor-Leste, Trinité-et-Tobago, Vanuatu.

9. Composition du groupe: Afghanistan, Bangladesh, Bénin, Burkina Faso, Burundi, Cambodge, Comores, Érythrée, Éthiopie, Gambie, Guinée, Guinée-Bissau, Haïti, Kenya, Libéria, Madagascar, Malawi, Mali, Mozambique, Myanmar, Népal, Niger, Ouganda, République centrafricaine, République démocratique du Congo, République populaire démocratique de Corée, République-Unie de Tanzanie, Rwanda, Sierra Leone, Somalie, Tadjikistan, Tchad, Togo, Zimbabwe.

10. Composition du groupe: Arménie, Bolivie (État plurinational de), Cameroun, Cabo Verde, Cisjordanie et bande de Gaza, Congo, Côte d'Ivoire, Djibouti, Égypte, El Salvador, Géorgie, Ghana, Guatemala, Guyana, Honduras, Îles Salomon, Inde, Indonésie, Kirghizistan, Kiribati, Kosovo, Lesotho, Maroc, Mauritanie, Mongolie, Nicaragua, Nigéria, Ouzbékistan, Pakistan, Papouasie-Nouvelle-Guinée, Paraguay, Philippines, République arabe syrienne, République démocratique populaire lao, République de Moldova, Samoa, Sao Tomé-et-Principe, Sénégal, Soudan, Soudan du Sud, Sri Lanka, Swaziland, Timor-Leste, Ukraine, Vanuatu, Viet Nam, Yémen, Zambie.

11. Composition du groupe: Afghanistan, Bangladesh, Bénin, Burkina Faso, Burundi, Cameroun, Comores, Congo, Côte d'Ivoire, Djibouti, Érythrée, Éthiopie, Gambie, Ghana, Guinée, Guinée-Bissau, Haïti, Honduras, Îles Salomon, Inde, Kenya, Kirghizistan, Lesotho, Libéria, Madagascar, Malawi, Mali, Mauritanie, Mozambique, Népal, Nicaragua, Niger, Nigéria, Ouganda, Ouzbékistan, Papouasie-Nouvelle-Guinée, Philippines, République centrafricaine, République démocratique du Congo, République populaire démocratique de Corée, République-Unie de Tanzanie, Rwanda, Sao Tomé-et-Principe, Sénégal, Sierra Leone, Somalie, Soudan, Sri Lanka, Tadjikistan, Tchad, Togo, Yémen, Zimbabwe.

12. La région «Afrique» comprend les pays en développement dont le Bureau régional de la FAO (RAF) est responsable: Afrique du Sud, Angola, Bénin, Botswana, Burkina Faso, Burundi, Cameroun, Cabo Verde, Comores, Congo, Côte d'Ivoire, Djibouti, Érythrée, Éthiopie, Gabon, Gambie, Ghana, Guinée, Guinée-Bissau, Kenya, Lesotho, Libéria, Madagascar, Malawi, Mali, Maurice, Mauritanie, Mozambique, Namibie, Niger, Nigéria, Ouganda, République centrafricaine, République démocratique du Congo, République-Unie de Tanzanie, Rwanda, Sao Tomé-et-Principe, Sénégal, Seychelles, Sierra Leone, Somalie, Soudan (ancien État) (jusqu'à 2011), Soudan du Sud (à partir de 2012), Swaziland, Tchad, Togo, Zambie, Zimbabwe.

13. La région «Amérique latine et Caraïbes» comprend les pays en développement dont le Bureau régional de la FAO (RLC) est responsable: Antigua-et-Barbuda, Argentine, Bahamas, Barbade, Belize, Bolivie (État plurinational de), Brésil, Chili, Colombie, Costa Rica, Cuba, Dominique, El Salvador, Équateur, Grenade, Guatemala, Guyana, Haïti, Honduras, Jamaïque, Mexique, Nicaragua, Panama, Paraguay, Pérou, République dominicaine, Saint-Kitts-et-Nevis, Sainte-Lucie, Saint-Vincent-et-les-Grenadines, Suriname, Trinité-et-Tobago, Uruguay, Venezuela (République bolivarienne du).

14. La région «Asie et Pacifique» comprend les pays en développement dont le Bureau régional de la FAO (RAP) est responsable: Afghanistan, Bangladesh, Bhoutan, Brunei Darussalam, Cambodge, Chine, Fidji, Îles Salomon, Inde, Indonésie, Iran (République islamique d'), Kazakhstan, Kiribati, Malaisie, Maldives, Mongolie, Myanmar, Népal, Ouzbékistan, Pakistan, Papouasie-Nouvelle-Guinée, Philippines, République de Corée, République démocratique populaire lao, République populaire démocratique de Corée, Samoa, Singapour, Sri Lanka, Thaïlande, Timor-Leste, Vanuatu, Viet Nam.

15. La région «Europe et Asie centrale» comprend les pays en développement dont le Bureau régional de la FAO (REU) est responsable: Arménie, Azerbaïdjan, Géorgie, Kazakhstan, Kirghizistan, Ouzbékistan, Tadjikistan, Turkménistan, Turquie.

16. La région «Proche-Orient et Afrique du Nord» comprend les pays en développement dont le Bureau régional de la FAO (RNE) est responsable: Algérie, Arabie saoudite, Émirats arabes unis, Égypte, Iran (République islamique de), Iraq, Jordanie, Koweït, Liban, Libye, Mauritanie, Maroc, République arabe syrienne, Soudan (à partir de 2012), Tunisie, Yémen.

17. Non compris le Soudan. Comprend, en sus des pays mentionnés dans le tableau, la Libye.

18. Comprend, en sus des pays mentionnés dans le tableau, les suivants: Burundi, Comores, Érythrée, République démocratique du Congo, Seychelles, Somalie. 2014-2016 comprend une estimation pour le Soudan du Sud.

19. «Soudan (ancien État)» fait référence à l'ancien État souverain du Soudan, avant juillet 2011, date à laquelle le Soudan du Sud a proclamé son indépendance. Les données pour le Soudan du Sud et pour le Soudan pour les années 2014-2016 ne sont pas fiables et ne sont pas rapportées.

20. Comprend, en sus des pays mentionnés dans le tableau, les suivants: Antigua-et-Barbuda, Antilles néerlandaises, Bahamas, Dominique, Grenade, Saint-Kitts-et-Nevis, Sainte-Lucie.

21. Comprend, en sus des pays mentionnés dans le tableau, les suivants: Cisjordanie et bande de Gaza, République arabe syrienne.

22. Comprend, en sus des pays mentionnés dans le tableau, les suivants: Nouvelle-Calédonie, Papouasie-Nouvelle-Guinée, Polynésie française. L'Australie et la Nouvelle-Zélande sont considérées comme faisant partie du groupe des pays développés.

LÉGENDE

<5,0 proportion de personnes sous-alimentées inférieure à 5 pour cent

<0,1 nombre de personnes sous-alimentées inférieur à 100 000

s.o. sans objet

n.s. statistiquement non significatif

Source: estimations de la FAO.

Messages clés

■ Aujourd'hui, environ 795 millions de personnes sont sous-alimentées dans le monde, soit une diminution de 167 millions de personnes sur ces dix dernières années et 216 millions de personnes de moins qu'en 1990-1992. Le fléchissement est plus net dans les régions en développement, en dépit d'une forte croissance de la population. Ces dernières années, les progrès ont été freinés par une croissance économique ralentie et moins inclusive, ainsi que par l'instabilité politique dans certaines régions en développement, notamment en Afrique centrale et en Asie de l'Ouest.

■ L'année 2015 marque la fin de la période de suivi des progrès accomplis dans la réalisation des Objectifs du Millénaire pour le développement (OMD). Globalement, dans les régions en développement, la proportion de personnes sous-alimentées dans la population totale a diminué, passant de 23,3 pour cent en 1990-1992 à 12,9 pour cent aujourd'hui. Dans certaines régions comme l'Amérique latine, l'Asie de l'Est et du Sud-Est, l'Asie centrale et le Caucase, ainsi que l'Afrique du Nord et l'Afrique de l'Ouest, les progrès ont été rapides. Des avancées ont aussi été enregistrées en Asie du Sud, en Océanie, dans les Caraïbes, ainsi qu'en Afrique australe et en Afrique de l'Est, mais à un rythme trop lent pour pouvoir atteindre la cible 1c des OMD, qui est de réduire de moitié la proportion de personnes souffrant de sous-alimentation chronique.

■ Au total, sur les 129 pays en développement ayant fait l'objet du suivi, 72, soit plus de la moitié, ont atteint la cible 1c de réduction de la faim. La plupart de ces pays ont bénéficié de conditions politiques stables et d'une bonne croissance économique et ont souvent mis en place en parallèle des politiques de protection sociale en faveur des groupes vulnérables.

■ S'agissant des régions en développement, prises globalement, les chiffres pour les deux indicateurs de la cible 1c – à savoir, la prévalence de la sous-alimentation dans la population et la proportion d'enfants de moins de cinq ans souffrant d'insuffisance pondérale – ont diminué. Dans certaines régions, en particulier l'Afrique de l'Ouest, l'Asie du Sud-Est et l'Amérique du Sud, la sous-alimentation a reculé plus rapidement que la proportion d'enfants en insuffisance pondérale, ce qui donne à penser que des améliorations sont possibles quant à la qualité des régimes alimentaires, aux conditions d'hygiène et à l'accès à l'eau propre, surtout au sein des groupes de population les plus démunis.

■ La croissance économique joue un rôle déterminant dans la lutte contre la sous-alimentation, mais elle doit être sans exclusion et offrir la possibilité d'améliorer les moyens d'existence des populations pauvres. Pour progresser dans ce domaine, il est essentiel d'améliorer la productivité et d'accroître les revenus des petites exploitations familiales.

■ Les systèmes de protection sociale ont été décisifs dans un certain nombre de pays en développement, où ils ont favorisé la concrétisation des cibles de l'OMD 1 concernant la faim et la pauvreté. La protection sociale contribue directement à la réduction de la pauvreté, de la faim et de la malnutrition du fait qu'elle permet d'améliorer la sécurité du revenu et l'accès à une meilleure nutrition, à de meilleurs soins de santé et à une meilleure éducation. En renforçant les capacités humaines et en atténuant les effets des chocs, la protection sociale rend les populations pauvres plus à même de participer à la croissance grâce à un meilleur accès à l'emploi.

■ Dans bon nombre des pays qui n'ont pas été en mesure d'atteindre les objectifs mondiaux de réduction de la faim, la vulnérabilité et l'insécurité alimentaire accrues d'une grande partie de la population étaient imputables à des crises prolongées induites par des catastrophes naturelles ou causées par l'homme ou par une situation d'instabilité politique. Dans ces contextes, les mesures destinées à protéger les populations vulnérables et à améliorer les moyens d'existence ont été difficiles à mettre en œuvre ou ont été inefficaces.

Les produits d'information de la FAO sont disponibles sur le site web de la FAO (www.fao.org/publications) et peuvent être achetés par courriel adressé à publications-sales@fao.org.